中國学術思想 研究輯刊

十七編

林慶彰 主編

第24冊

聶雙江歸寂思想研究

陳儀 著

花木蘭文化出版社

國家圖書館出版品預行編目資料

聶雙江歸寂思想研究／陳儀 著 — 初版 — 新北市：花木蘭文
化出版社，2013〔民 102〕

目 2+138 面；19×26 公分

（中國學術思想研究輯刊 十七編：第 24 冊）

ISBN：978-986-322-414-3（精裝）

1.（明）聶雙江 2.學術思想 3.陽明學

030.8　　　　　　　　　　　　　　　102014763

ISBN-978-986-322-414-3

9 789863 224143

中國學術思想研究輯刊
十七編　第二四冊　　　　　　　　ISBN：978-986-322-414-3

聶雙江歸寂思想研究

作　　者　陳 儀
主　　編　林慶彰
總 編 輯　杜潔祥
出　　版　花木蘭文化出版社
發 行 所　花木蘭文化出版社
發 行 人　高小娟
聯絡地址　235 新北市中和區中安街七二號十三樓
　　　　　電話：02-2923-1455／傳真：02-2923-1452
網　　址　http://www.huamulan.tw　信箱 sut81518@gmail.com
印　　刷　普羅文化出版廣告事業
封面設計　劉開工作室
初　　版　2013 年 9 月
定　　價　十七編 34 冊（精裝）新台幣 60,000 元

聶雙江歸寂思想研究

陳 儀 著

作者簡介

陳儀，1981 年生，台灣台北人。2008 年獲中央大學中文研究所碩士。2012 年獲國科會補助博士生赴國外研究，赴加拿大布洛克大學（Brock University）哲學系訪問研究。研究領域包括先秦思想、宋明理學與康德哲學，主要關懷道德哲學、法權理論，致力探究當代社會中的倫理議題。心慕「浴乎沂，風乎舞雩，詠而歸」的生命情調，盼願實現「老者安之，朋友信之，少者懷之」的理想世界。

提　要

　　本論文題目為「聶雙江歸寂思想研究」，在考察現有關於雙江思想的研究成果後，筆者認為，陽明弟子與近代諸學者對於雙江思想的理解，一般注意在雙江區分寂感體用、未發已發，採取分解的方式來掌握良知，如是使得良知有析二、有缺的問題；開展至工夫論，亦衍生偏靜離動，及實踐動力缺無的困難。

　　然而筆者認為，對於雙江思想的研究，必須注意到其學術的基本關懷。由於雙江提出歸寂說，本意是希望藉由宣揚先師之教，以對治當時的學術弊病。雙江所謂的「宣揚」，實際上是自己對於陽明學說的「詮釋」，與陽明學說實存在著若干殊異，而筆者認為，正是在此殊異處，適能展現雙江所欲反省的學術問題，及其學說特色。

　　因此，本文欲從「雙江對陽明學說的詮解」此一面向切入，藉由探究雙江對於陽明學說的理解，重新釐清雙江歸寂思想及當中諸概念的實際意涵，確立歸寂思想的義理架構；進而，本文亦將分析歸寂思想本身是否一致而連貫，同時討論歸寂思想是否能容納於陽明義理系統，乃至於儒家心學系統當中。

致　謝

　　本論文的完成，特別感謝楊祖漢老師多年來的悉心指導，使我立足於良好的學術起點，並提攜我走上更遼闊的人生道路。感謝岑溢成老師、陳榮灼老師，不論是課堂上的授業，或是平日間的論學，兩位老師總是帶給我莫大的領會與啓發，使我得到新穎的想法。感謝詹海雲老師、林月惠老師，兩位老師對本論文提出許多重要建議，提供了不同的思考方向，讓我受益良多。

　　同時也要感謝身邊的家人與朋友們，謝謝你們的一路相伴，讓我擁有前行的意義與力量。

目次

第一章 導 論

第一節 研究動機

　　本文最原初的研究動機，乃是希望處理聶雙江對王陽明致良知的理解。陽明言致良知，是以知是知非契入良知，當下在此知是知非中，理便呈現，吾人只當於良知呈現處作工夫即可，這是繼承孔孟以來的儒家心學傳統，所開展出來的簡易工夫，既達於高明，又不離庸常，將心即理型態下的工夫論發揚至極盛。然而，陽明良知教雖然如此高妙，陽明生前卻已有天泉證道之論，陽明死後，陽明弟子間更是爭辯不休。之所以發生紛爭，主要由於王門弟子對於「良知」的看法不盡相同，同時對於如何「致」得良知的理解更有歧見，於是王門弟子各持所據，相互論辯。在這些弟子各自學說的表述中，以及弟子間一往一復的論辯言論中，除了突顯王學的優勝處，也發現了王學的粗略處，對於儒家義理系統中的諸項哲學問題，更是進行了細緻的討論，這些討論非僅對陽明學說，甚至對於整個儒家學說，皆具有重要的影響，因此，陽明後學之相關研究，是值得吾人再作深入探討的重要議題。

　　事實上，王門弟子間的論辯，與另一個現象有著重大關連，即所謂的「王學流弊」。陽明主張的致良知工夫，本是下學而上達，對於人的理想道德性格，以及現實上的篤行實踐，這兩方面皆相當重視，但陽明死後，前者的高妙精彩深為人所樂道，後者的磨練工夫卻逐漸為人輕忽，二者份量比重失衡之下，在道德實踐上便容易開啓緣情流蕩、逐物變遷等種種毛病，這種情況，一般以「王學流弊」稱之。雙江便是在當時這種學術環境中，特別提出歸寂說，

希望藉由宣揚先師之教來對治當時的學術弊病。若依照上述說法看來，所謂的「王學流弊」僅只是人病，並非法病，是後學對於良知教的理解失焦，並非良知教本身有問題，而如果「王學流弊」真的只是人病，實際上也就減弱了正視這些毛病的意義，因為只要消滅人病便可，不需回到系統本身來作檢討，換言之，若是陽明弟子想為師說辯護，只要回到陽明學說的框架下來討論即可，以陽明學作為共同的標準，來應對他人的言論。進一步地，吾人若要研究陽明弟子的學說主張是否適當，亦只需在陽明學的脈絡中來檢驗，以陽明學作為判準，來評議陽明弟子學說優劣。

然而，筆者認為，「人病」二字似乎不能充分為王學末流的現象作出完整的解釋，王門弟子所提出的論點，具有真實的考慮，以及確切的理據，並非無中生有，由此來看，或許在陽明學說的某種層面上，有其不備之處，致使無法對道德實踐時的困難，作出全面而完整的解決，換言之，若是王門弟子的論點乃是從對陽明學說的反省而出發，那麼陽明學則應當做為一反省上的共同標準，而不當作為一評判上的共同標準。進一步地，吾人若要研究陽明弟子的學說主張是否適當，亦不應先以陽明學作為評判的標準，直接評議王門弟子言論的高下得失，而應將王門弟子的論點，與陽明學說作一客觀的對照，從對照中來展現兩方各自的學說面貌，筆者認為，若從這個想法出發，似乎可以為陽明學說提出一些更細緻，更清楚，更廣闊的思考。

在王門弟子中，筆者特別想關注的是雙江學說，因為筆者認為，若仔細觀察雙江的言論，從雙江對陽明致良知的理解中，很可以突顯出陽明學說所無加以深入考慮的一些問題，這些問題最主要聚焦在「人如何能夠實踐道德」一議題上，在此議題上，雙江提出個人獨到的思考與反省，並彙集於其歸寂思想當中，因此筆者希望通過對於雙江歸寂思想的分析與討論，首先檢討歸寂思想是否能在陽明學的脈絡下成立，再者考慮歸寂思想如何能在陽明學的脈絡下成立，並且通過陽明致知之教與雙江歸寂思想的相互對照，希望從中能對儒家心學的豐富義理有更深一層的理解與闡發。

第二節　前人研究成果

現今對雙江歸寂說的研究，主要包括牟宗三先生、唐君毅先生、蔡仁厚先生等大家，另外，林月惠教授的博士論文對雙江思想作了深入而仔細的分析研究，亦相當值得參考。

一、牟宗三、蔡仁厚先生的看法

　　牟宗三先生對於雙江思想多所批評，認為其學說根本的問題在於不能肯認「良知見成」，是故對良知無法有恰當的理解，對致知工夫的掌握更是混亂，在王學的路子上乃是橫生曲折者。牟先生提到：

> 雙江與念菴底主要論點是以已發未發之格式想良知，把良知亦分成有已發與未發，以為表現為知善知惡之良知是已發的良知，尚不足恃，必須通過致虛守寂底工夫，歸到那未發之寂體，方是真良知；若於此未發之體見得諦，養得真而純，則自發而無不中節矣，此是以未發寂體之良知主宰乎已發之良知，而所謂致知者即致虛歸寂以致那寂體之良知以為主宰也。〔註1〕

牟先生認為，歸寂之路幾乎全非王學思路，或許近乎陽明初期「默坐澄心」、「收斂為主」的講學方式，但陽明言「默坐澄心」、「收斂為主」是欲存養良知本體，這是一般人平日當有的活動，並不能依此決定義理系統的方向。反觀雙江的論點，則是把良知拆分成已發未發，以為知善知惡之知乃是已發良知，尚不足恃，必須通過致虛歸寂，向後返至未發寂體之處，方是真良知，吾人若真切涵養此未發寂體，使未發寂體之良知成為已發良知之主宰，則自能發而中節。由此歸寂工夫而把握到的良知本體，顯然是和陽明不同的，陽明所言之良知乃是「無前後內外而渾然一體者」，良知是即體即用，即寂即感的，牟先生說道：

> 若在良知本身說發與未發，這也是即發即未發而無分于發與未發的，是即中即和而亦可說是無分于中與和的。中是就其自體說，和是就感應說。我們可以抽象地思那中體自己，把那感應暫時撇開，但良知中體本身卻不能停在那抽象地思之之狀態中，它是分析地必然地要在感應中。〔註2〕

可以了解，陽明所言之良知無分於動靜寂感、未發已發，與雙江以分解方式所言之良知並不相同。牟先生進一步分析，雙江之所以有背於陽明，實因雙江不能肯定「良知見成」的緣故。依陽明，良知在事上隨時有表現，便就表現當下肯認而致之，故眼前呈現的知善知惡之良知便就是良知本體，二者沒有分別，而所謂的「致」，採取的是擴充義，即致良知於事事物物，使事物

〔註1〕見牟宗三，《從陸象山到劉蕺山》，頁299～300。
〔註2〕見牟宗三，《從陸象山到劉蕺山》，頁302。

物皆得其正。然而，雙江卻無法肯認當下呈現的良知便就是良知本體，必須歸至未發之寂體處，如此便將良知割裂爲二，而「致」也成爲向後返之義，換言之，雙江言歸寂乃是無法肯定良知當下逆覺的力量，必得經過收斂枯槁一番，才能體認良知眞體，如此一來則是失卻了陽明言致良知之精義，已非王學面目。

　　蔡仁厚教授的見解，大致上與牟先生近似，同樣認爲雙江把良知分成已發與未發，吾人必須歸寂以致未發寂體，才能呈現眞良知，這種說法幾乎與陽明思路不合。蔡先生也提到：「雙江、念菴之說，平心看來，實只是陽明初期講學『默坐澄心』之一段工夫」〔註3〕，經過枯槁之後，一切退聽，而天理洞然，但這樣的工夫並非一了百當，「因爲這只是抽象地單顯知體（良知本體）之自己，並不表示良知天理即能順適地貫下來而落實于事。」〔註4〕陽明講「致」，便是要使良知不容已地貫下來，此知善知惡之知便即是良知，便即是即寂即感的寂體，然而雙江不明此義，卻於知善知惡的良知之前，另求寂體以作主宰，乃是將良知拆成已發與未發兩截，背離陽明卻又跳不出陽明藩籬，所發之議論只是一番擾攘。〔註5〕

二、唐君毅先生的看法

（一）歸寂說思考的是如何實致良知之問題

　　唐君毅先生對雙江學說的研究，是從考慮雙江言歸寂的動機作爲出發，認爲江右、浙中、泰州王門三派宗旨互有不同，對於陽明言論均有不同詮釋，之所以如此，是因爲陽明言良知知善知惡，雖無問題，但落在致良知之工夫中時，良知如何能順其知善知惡，確實爲善去惡？即，如何去實致良知？此處便發生了問題，而發生爭議。唐先生認爲，雙江言歸寂，正是對此問題有所實感而發：

> 此即因吾人之心中，既有善惡意念之不斷生起，吾人如一一皆隨其
> 生起，而知之以致良知：則意念之生起無窮，吾人之良知之知之，
> 便亦可成一無盡之隨逐。於是良知之知，乃似永落於意念之生起之

〔註3〕見蔡仁厚，《王學流衍》，頁60。
〔註4〕見蔡仁厚，《王學流衍》，頁61。
〔註5〕見蔡仁厚，《王學流衍》。

後一著，亦即永不能眞澈上澈下，以使此良知爲此意念之生起之主
宰；亦不能使此良知有一「知善知惡、即必能好善惡惡、而爲善去
惡」之自信。〔註6〕

雙江考慮到吾人之心固然能知善知惡，但知善知惡之意念會不斷生起，若吾
人一一隨之知之以致良知，則意念之生無窮，吾人亦無窮隨逐，良知之致永
落在意念生起之後一著，如此良知自身永不能具備知善知惡之光明，永不能
澈上澈下成爲意念之主宰。因此，致知工夫當是求虛靈良知之本體能充滿其
量於吾心，使其勿夾雜一毫人欲私蔽，良知本體寂然不動，自能感而遂通，
如此以「致中」爲致良知，方可拔超於向外之感應，而見得良知之體。唐先
生提到，這樣的說法不是順知善知惡以致良知，確實不同於陽明，然而這樣
的說法，卻並非陽明默坐澄心、收斂爲主的早年之學，雙江別有眞知灼見，
非僅以維持陽明早年之學爲務。

（二）寂感體用、未發已發應是就工夫論上來作區分

關於雙江分別已發未發之問題，唐先生的理解是：

蓋雙江言歸寂主靜，原是工夫上事。良知本體固即寂即感，即靜即
動，未發而未嘗不發；不可頭上安頭，其體之上之後，亦更無體；
亦非一不能感之寂體，此乃陽明學者之共許義，雙江亦無異辭。其
所以必言歸寂，謂良知寂體，不同其當下現成之已發之用，乃自當
下現成之已發之用，不必爲良知本體之充量呈現，而恆不免於夾雜，
更不必自知其夾雜說。于此即須先將此體，推高一層，提於其已發
之用之上以觀，而先肯認此爲充量呈現之良知之體之存在。順此一
念，便可使其良知之已發之用之流行，不免於夾雜者，得一止息之
機，以還得自照其夾雜。〔註7〕

即是說，若就良知本體上來說，雙江亦同意良知本體即寂即感，即靜即動，
不可頭上安頭，其體之上之後，更不可有未發不能感之寂體。雙江言歸寂，
是就致良知工夫上來談，之所以稱良知寂體不同於當下現成的已發之用，這
是見於當下現成的已發之用，時常不免於私欲夾雜，甚或不知已爲私欲夾
雜，故已發之用不一定必是良知本體之充量呈現，吾人在做工夫時，必須將
良知本體提高一層，先肯認有此未發充量良知之存在，有此一念，便可明白

〔註 6〕見唐君毅，《中國哲學原論・原性篇》，頁471～472。
〔註 7〕見唐君毅，《中國哲學原論・原教篇》，頁373～374。

良知已發之用恆不免於夾雜，吾人當須先退一步，不能自恃已發即是良知，用求其心之歸寂的工夫，使良知寂體充量於心。此說「其言雖偏，而意未嘗不圓」〔註8〕，若驟然責備雙江分別寂感、體用、動靜為二，於良知之上別求主宰，則是不解雙江言歸寂乃就工夫事上來說，亦未見雙江有所對治的別具用心。〔註9〕

三、林月惠教授的看法

（一）歸寂說乃是先天之學

林月惠教授對於雙江學說的理解，首先考慮了其思想形成的學思歷程，及其思考陽明學說時之偏重。雙江所處之時代中，正是龍溪言「見在良知」極盛之時，但雙江認為一涉「見在」便已是氣拘物蔽，已非良知本來面目，故提歸寂說，以救「見在良知」之流弊。由此立場出發，雙江對於陽明良知教，所關切的並非本體論的問題，而是工夫論的問題，即，在致良知之工夫實踐上，雙江選擇了在先天良知本體上用力，而非在後天意念的對治上用力，這是歸寂說的基本旨趣。

林教授認為，雙江有感於吾人之心往往為閒思雜慮所擾，意念時有不善，若待意念萌發之後，才以知善知惡之對治為工夫，則「已落於第二義」〔註10〕，如此便容易雜於物欲，陷於情識，使良知無法充分顯現，真正作為主宰。故雙江提歸寂說，意在舉出先天之學、立本之學，要吾人在意念萌發之前，體證超越的良知本體，使意念之發純善無惡，此即歸寂說之要旨。林教授針對歸寂工夫分析道：

> 由此可見，雙江以「充滿虛靈本體之量為致知」其用意有二：一是從本體論上來表述良知的存有圓滿性，一是從工夫論上強調涵養本體，「養良知」、「立其體」的重要性。不過，「充滿虛靈本體之量」的語意，也容易讓人誤以為良知本體不夠圓滿，或是良知本體動力不夠充足。後者就牽涉「見成良知」之實踐動力是否具足的問題，

〔註8〕 見唐君毅，《中國哲學原論‧原教篇》，頁375。

〔註9〕 關於唐君毅先生的意見，參見唐君毅，《中國哲學原論‧原教篇》、《中國哲學原論‧原性篇》。

〔註10〕 雙江：「若資聞見之善惡，以為吾心之勸懲，則已落在第二義。」見〈答戴伯常〉，《雙江聶先生文集》卷之十，載於《四庫全書存目叢書》集部第七十二冊，頁438。

也是雙江與龍溪的爭辯所在。〔註11〕

林教授也認為，雙江所云之先天之學，乃是要求在良知本體上用功夫，就這個意義上來看，與龍溪區分先天之學與後天之學的說法，有著異曲同工之妙：

> 此二人均指向從心體上用功，使意念動無不善：只是龍溪是從四有、四無的思考入手，雙江則從良知與知覺的對反，以存養未發之中來立論。事實上，這種第一義工夫的追求，極其精微，是陽明門下的一致趨向，也是陽明後學的主要問題意識。〔註12〕

承上兩段引文，可以了解，雙江在第一義工夫之要求下，嚴分良知與知覺之別，良知是未發之中的性體，寂然不動的本體，知覺則是良知之發用，二者不同，而由強調此二者之不同，一方面強調歸寂以致知此工夫之重要性，另一方面則肯定了良知本體的圓滿性及超越性。

（二）歸寂說的「知覺」意義及體用思想發生滑轉

林教授認為，在歸寂說中，雙江所言之「知覺」意義其實是有所滑轉的。從本體論上分析良知時，雙江「知覺」是指以良知虛靈性體為之主，能不受氣拘物蔽而發用的活動，即「性體自然之覺」，此與陽明隨物感應，無物不照之「明覺」意義相同；但若進至工夫論的討論，雙江預設了吾人處在現實生活中，良知一發用即有雜於情識之可能，是故此時「知覺」不再是良知明覺，而是失卻良知主宰的情識作用。

林教授進一步分析，雙江觀念中「知覺」意義之所以發生滑轉，這是與其體用思想有關。雙江體用思想在不同的層面上實有不同的取向，首先，在歸寂說要求用第一義工夫之下，雙江嚴分良知與知覺的不同，突顯良知的超越性，這是取於朱子「體用一源」的思考，著重體用之別而合一，強調寂感相對，須待工夫以涵養此心之本體。之後，當論及已發與未發之關聯時，雙江認為有未發之中，自能有已發之和，此便轉入陽明「體用一源」之思考，著重體用無別而為一，強調良知之即體即用，如是體立則用自生，寂感體用自然能關聯起來。由此可見，雙江在工夫論以及本體論兩個層次上採取了不同的體用思想，林教授認為，此兩層不同的體用思想，正是歸寂說的要旨，歸寂說的理論架構即建基於此。〔註13〕

〔註11〕見林月惠，《良知學的轉折：聶雙江與羅念菴思想之研究》，頁228。

〔註12〕見林月惠，《良知學的轉折：聶雙江與羅念菴思想之研究》，頁210。

〔註13〕見林月惠，《良知學的轉折：聶雙江與羅念菴思想之研究》，頁223～230。

第三節　研究目的

在研究目的中，筆者首先將綜合回應前人看法，之後再根據前人看法之分析討論，提出本文之研究目的。

首先，依據牟先生的見解來看雙江學說，可以發現雙江是以分解的方式將良知區分為已發未發，再據此區分，提出工夫當在歸寂，如此一來，就本體上來說，歸寂致得之良知只屬未發寂體，不同於陽明所言無分於動靜體用之良知；就工夫上來說，歸寂是往後返的工夫，致虛守寂以至未發寂體處，不同於陽明就眼前良知之顯現，當下逆覺體證。牟先生認為，雙江如此的工夫主張是背離於陽明的，而其之所以背離陽明，原因當歸結在「不能相信良知見成」之觀念上，由於雙江不能肯認知善知惡之知，當下便是良知本體之顯現，若要用功，只當用在此處，不必再往他處尋求別的良知，因此才發生橫生曲折而偏離王學的歸寂說。

再者，若依據唐先生的見解來看雙江學說，可以發現雙江學說中，寂感體用之區分當是就工夫論意義下來說的，雙江在如何實致良知一問題上加以體驗反省之後，深感於落在現實生活上之意念恆不免於夾雜，常不能順知善知惡之知而真實地為善去惡，故要歸寂後返至未發寂體，涵養此未發之中，這樣說來，歸寂說不是順知善知惡之知以致良知，確實不同於陽明，而之所以不同於陽明，原因當歸結在雙江「不能相信落於現實上之意念」之觀念上，由於雙江認為意念之生永落在後一著，故工夫當要求於歸寂之第一義工夫。唐先生認為，如此一方面能確保人能不自恃已發良知，而進行持續不斷之真切努力，另一方面如此也才能真正保證良知本體能成為主宰，使良知之發無不中節。

可以發現，在牟先生與唐先生的觀念中，皆認為雙江歸寂說與陽明良知教實際上是有所區別的，牟先生認為雙江不肯認良知見成，故要取曲折之歸寂工夫；唐先生則認為雙江不能相信意念之真實無妄，故要取立本之歸寂工夫。從兩位先生的看法中，可以確認的是，雙江不認為現實生起的意志本身，便是良知本體，故主張不能即於現實意志來作工夫，而當回到本源處，用功於良知本體之上。這是雙江歸寂思想，大體上的內容。若基於陽明學說來考慮，在陽明學說中，知善知惡之知，本身便是良知，便是天理，且此良知一呈現，當下便有沛然的實踐動力，來保證道德的活動行為，故在陽明學說中，良知見成與意念之真實無妄，皆是必須要肯定的，反觀雙江卻同時取消了二者呈顯的可能性，也因此牟先生與唐先生便判雙江與陽明實有區別。

　　然而，從兩位先生的不同意見中，實際上可進而思考一個問題：即，雙江反對「良知見成」，與反對「以知覺爲良知」，這是在本體義脈絡下的主張？還是工夫義脈絡下的主張？筆者認爲，透過此問題切入探究，可以對雙江歸寂思想的實際內涵，有更清晰的掌握，故下文就這兩方面分別進行討論。

一、反對「以知覺爲良知」的本體義研究

　　在本體義研究方面，面對雙江反對「以知覺爲良知」的想法，筆者關注的是「知覺」此一概念的意涵，以及雙江將「良知」與「知覺」二分，背後具備的理由。若是此「知覺」意義指爲感性情識，則不惟雙江，普遍王門弟子皆極力反對〔註14〕；但，倘若此「知覺」意義不單純指爲感性情識，而兼及理性明覺，那麼此處便有可議之處。觀察雙江一段言論：

> 今天下從事於良知之學者，乃寖以失其眞何哉？良知者未發之中，備物敦化，不屬知覺，而世常以知覺求之，蓋不得於孩提愛敬之言而失之也。孟子曰：孩提之童，不學不慮，知愛知敬。是蓋即其所發以驗其中之所有，故曰：親親仁也，敬長義也。初非指愛敬爲良知也。猶曰惻隱羞惡，仁義之端；而遂以惻隱羞惡爲仁義可乎？今夫以愛敬爲良知，則將以知覺爲本體。以知覺爲本體，則將以不學不慮爲功夫。其流之弊：淺陋者恣情玩意，拘迫者病己而稿苗，入高虛者遺棄簡曠，以耘爲無益而舍之。是三人者，猖狂荒謬，其受病不同，而失之於外一也。〔註15〕

雙江指出良知是未發之中，與知覺有別，若以知覺來求良知，便是對孟子「孩提愛敬」之言有錯誤理解。雙江認爲，孩提之所以不學不慮，而能表露知愛知敬之情，這是因爲有未發之中作爲主宰的緣故，故吾人可就其已發來察驗其未發，但不可說已發之愛敬之情，便是未發之良知，若直接以知覺爲良知本體，則將不作工夫，如此便發生隨情流蕩，逐物變遷，義襲於外的毛病。

　　本來雙江反對以知覺爲良知的想法並沒有問題，以理言之情與以氣言之情，二者之間本來便存在差異，但雙江卻舉孟子「孩提愛敬」之言爲例，此處又缺乏深入辨析，因此發生問題，雙江與龍溪的爭論也正在此處。蓋孟子

〔註14〕這個問題會在文章中詳細討論，此處先暫時作出小結。
〔註15〕見〈送王惟中歸泉州序〉，《雙江聶先生文集》卷之四。載於《四庫全書存目叢書》集部第七十二冊，頁296～297。

之言是在說明人生來即有知善知惡之良知及爲善去惡的良能，此良知良能即是吾人之本心，是普遍的，先天的，不學不慮的，在本心呈現時，面對親者，自然有愛情之表現；面對兄者，自然有敬情之表現，愛敬之情亦即是本心本身，從本體上來說是性，從發用上來說則是情，而此情絕非經驗層面的感性之情，故四端之心、之情即是本心呈現之起始、端緒，吾人若能當下逆覺之，又擴而充之，便可產生道德行爲。反觀雙江反對以知覺爲良知此一觀念，問題不在於區別了以理言之情與以氣言之情，而在於雙江沒有說明孟子四端之心的深層意義，故使人可以質疑雙江對孔孟以至於陽明所言之本心，無法有清楚的掌握，進而也可以質疑雙江對逆覺工夫無法給予絕對的肯定。

因此，在研究歸寂說時，必須回到文獻本身，對於雙江觀念中的「知覺」意義，以及雙江反對「以知覺爲良知」的主張，作出深入的分析與討論，方能掌握雙江歸寂思想的真正要旨。

二、反對「以知覺爲良知」的工夫義研究

在工夫論義研究方面，雙江反對「以知覺爲良知」此一主張，發展至工夫論時，則成爲反對「即於知覺以致知」，然陽明致良知的實踐工夫，並無離卻倫常事用，因此筆者除了對深入了解雙江觀念中「致知」工夫的實際意涵之外，另外還要從「格物有無工夫」此議題來討論。在一般學者看法中，雙江認爲工夫只當用在涵養本源之地，即未發之中上，故工夫只在歸寂，格物乃是發而中節，感而遂通，並無工夫可說。〔註16〕雙江云：「致知如磨鏡，格物如鏡之照。謬謂格物無工夫者，以此。」〔註17〕這是在討論雙江格物時最常被引證的一段話，由此可知，歸寂說所言之工夫只在磨鏡，不在鏡照，鏡明自然會照，格物處並無工夫。然而，若將雙江想法與陽明作比較，可發現陽明格物是與致知關聯在一起的，是致良知於事事物物，使事事物物皆得其正之義，這樣的說法很能透顯出致知即於倫常日用的實踐意味，而雙江截開致知格物，工夫惟在歸寂，則是削減了良知當下逆覺體證之直貫力量。若是依照這樣的分析，則可說雙江不用「事上磨練」之工夫，進而亦可證明雙江反對良知見成此一觀念。因爲，

〔註16〕除了本文前人研究成果中所提及的牟先生、唐先生、蔡仁厚教授以及林月惠教授均有討論之外，在勞思光教授的《中國哲學史》和吳震教授的《聶豹羅洪先評傳》等著作中，亦有相關討論。

〔註17〕見〈答王龍溪〉，《雙江聶先生文集》卷之十。

若是良知見成是可信賴的，那麼吾人當下前致逆覺便是極高明之上達工夫，不需再往後返，後退歸寂以求在本源之地用功。由此可見，若要掌握雙江歸寂思想，則關於「格物」處的討論是不可忽略的。

另外，還有一點必須補充。筆者在詳細考察唐先生的看法，以及江右王門一系的言論之後，認為江右學者普遍顯現出一種思想上之趨向，即，突顯良知本體之超越性，同時正視人作為一現實上的感性存有之有限性。是故雙江可能考慮到，人發之意念雖出於本心，其知善知惡雖即是本心之顯現，不為二者，但既已為人所發出，一落現實便已有雜染之可能。如此一來，就工夫論而言，依現實上之意念來做工夫，並不穩當；而就本體論而言，縱使吾人可以高貴而理想地肯認見成良知，但亦可以謹慎而保守地反對見成良知，此間雖有差異，但非本質上具有矛盾，據此，則對於雙江歸寂說之研究便有討論空間。換言之，若是雙江是理論根本上反對見成良知，則是不能肯定人可有依良知顯現而活動之可能，借用康德說法，即不能肯定人有依自由法則而活動之可能，那麼，雙江非但背於陽明，甚至背於孔孟以降之心學傳統；然而，倘若雙江考慮人現實上之有限性，而欲人不要逐於意念之紛擾，須暫退一步，涵養本源之地，那麼，雙江則是在工夫實踐上擇取主靜路數，於心上作「鑑空橫平」的工夫，如此一來，則並非完全違於陽明良知教。

總結以上的分析與討論，本論文的研究目的將仔細釐清雙江觀念中諸概念之確實意義，並試圖架構出歸寂說之完整輪廓。在此討論當中，將特別關注於雙江對陽明學的反省、詮釋與理解，並詳加比較歸寂說與良知學之同異問題，從而考慮歸寂說是否能夠成立，以及歸寂說在陽明學，乃至於整個儒家系統中當具有何種定位，希望透過此哲學性的研究，可以能清楚掌握雙江歸寂說的要旨，並對陽明學之研究提供另外一種思考進路，進而開展未來對於江右王門研究之新視野。

第四節　研究方法

一、研究進路與觀點

本文所採取的研究進路，是以雙江學說作為主要研究對象，以雙江觀念中的重要概念作為主要研究議題，並以這些議題作為比較的平台，分析並討

論陽明學說與雙江學說之同異，從中展示雙江學說的實際內涵，以及雙江對於陽明學說可能缺陷的補治。

二、研究步驟與章節大要

第一章 導論：說明及釐清本論文的問題意識，確立本論文的研究對象與進路，並選取適當的研究方法。

第二章 雙江的良知觀：本章將分三個部分來進行研究。第一部分，首先介紹雙江的生命圖像及學思歷程，並進一步從歷史脈絡延伸至義理脈絡。第二部份，討論雙江良知觀之基本立場，由雙江對其身處時代發生的學術問題，所提出的檢討與回應中，展示雙江對於從事學問修養所特別重視的面向，並比較雙江想法與孟子、陽明一系心學傳統的殊異問題。第三部分，正式進入雙江良知觀的分析與討論，此部分論述將集中在「寂」與「中」兩個概念的討論上，通過與《易》、《中庸》原典，及陽明、朱子的比較，從中展現雙江以「寂」、「中」詮釋良知的義理意義，並討論其歸寂思想的特色所在。

第三章 雙江的工夫論：本章將分三個部分來進行研究。第一部分，延續雙江反對「以知覺為良知」的良知觀基本立場，進一步討論其反對「即於知覺以致知」的工夫論基本立場，並且，通過與孟子、陽明一系心學工夫論主張的比較，展示雙江此一立場所衍生的問題。第二部份，討論雙江對於「致知格物」的詮解，從與《大學》原典，及陽明、朱子的比較中，展現雙江詮解「致知格物」之重心所在。第三部分，結合第二部分的分析，深入研究雙江歸寂思想中獨特之工夫主張，通過此部分之分析與討論，進而思考雙江在陽明義理系統中，乃至於儒家心學義理系統中的定位問題。

第四章 由雙江對《易》卦之詮解探其思想內蘊：在對雙江歸寂思想有整體掌握之後，在本章中，將從另一面向切入來考察雙江歸寂思想，此部分討論將集中在「咸」、「艮」、「坤」三卦之上，藉由此三卦之分析與討論，再次確定雙江歸寂思想之義理義義，及其價值所在。

第五章 結論：總括全文之討論，回應最初的問題提出，並檢討文章之不足，以及提出未來研究工作之可能發展。

第二章　雙江的良知觀

第一節　其人及生平

聶豹（1487～1563），字文蔚，號雙江，江西吉安永豐（今江西省吉安縣）人。明正德 12 年（1517）進士，官至兵部尚書。黃宗羲於《明儒學案》中將其歸於〈江右王門學案〉，並敘述其生平云：

> 聶豹，字文蔚，號雙江，永豐人也。正德十二年進士。知華亭縣，清乾沒一萬八千金，以補逋賦，修水利，興學校。識徐存齋於諸生中。召入為御史，劾奏大奄及柄臣，有能諫名。出為蘇州知府。丁內外艱，家居十年。以薦起，知平陽府，修關練卒，先事以待，敵至不敢入。世宗聞之，顧謂侍臣曰：「豹何狀乃能爾！」陞陝西按察司副使，為輔臣夏貴溪所惡，罷歸。尋復逮之，先生方與學人講中庸，校突至，械繫之。先生繫畢，復與學人終前說而去。既入詔獄，而貴溪亦至，先生無怨色，貴溪大慚。踰年得出。嘉靖二十九年，京師戒嚴，存齋為宗伯，因薦先生。召為巡撫薊州右僉都御史，轉兵部侍郎，協理京營戎政。仇鸞請調宣、大兵入衛，先生不可而止。尋陞尚書，累以邊功加至太子少傅。東南倭亂，趙文華請視師。朱龍禧請差田賦開市舶，輔臣嚴嵩主之，先生皆以為不可，降俸二級，遂以老疾致仕。四十二年十一月四日卒，年七十七。隆慶元年，贈少保，諡貞襄。〔註1〕

〔註 1〕見黃宗羲，《明儒學案》，《黃宗羲全集》第七冊卷十七，頁 426。（杭州：浙江

這段文字敘述了雙江一生的仕宦經歷。雙江是正德 12 年進士，歷經將近十年的仕宦生活後，在嘉靖 10 年（1531），雙江因父親去世歸鄉丁憂，此後一直到嘉靖 20 年（1541）再任平陽知府，其間有十年之久，雙江是過著居鄉授徒的講學生活。在這段期間中，羅洪先於 1533 年回到吉水丁憂，鄒守益也於 1533 年回到安福，同年首次舉會青原山〔註2〕，此後江右各地講學活動就是以這幾位學術領袖爲核心分別興起，並通過他們的交往論學使陽明學的規模更擴大爲整個江右的盛事。〔註3〕

　　雙江赴任平陽知府之後，修關練卒，多有建樹，並且持續進行講學活動，著有《大學古本臆說》。兩年後陞任陝西按察司副使。嘉靖 26 年（1547），夏貴溪因聽信謗者言，在雙江講授中庸之時，將其逮捕入錦衣獄，其間雙江顯現了慷慨從容的態度，十足展現了大學者的風範。〔註4〕時雙江六十一歲。這段冤獄於嘉靖 28 年（1549）正月結束，而這一年多「閒久靜極」〔註5〕的長期靜修的經歷，對於雙江確立己學歸寂說有著重要的影響。黃宗羲說道：

先生之學，獄中閒久靜極，忽見此心眞體，光明瑩徹，萬物皆備。

乃喜曰：「此未發之中也，守是不失，天下之理皆由此出矣。」及出，

與來學立靜坐法，使之歸寂以通感，執體以應用。〔註6〕

蓋雙江在陷獄之前，已有悟於本體虛寂之旨，經過此段遭遇之後，於靜坐之

　　　古籍出版社，1985 年。）

〔註2〕 「青原會（山）」屬於陽明講會之一。呂妙芬在《陽明學士人社群——歷史、思想與實踐》一書中提到：「……所謂的陽明講會可以說是指一種始於明代中期，由鄉紳士子們集結組成，以陽明學爲主導且兼具學術與道德修養目的的定期聚會。……」，頁 75。這裡所說的「青原會（山）」便是主要由江右學者們所主講、參與的聚會。呂妙芬在同書中也說道：「……鄒守益、劉邦采、羅洪先、聶豹、歐陽德等於 1530 年代共同開創了青原山最興盛的講學時期，復古書院也在此時興建，成爲陽明學術在江右最鮮明的代表，鄒羅聶歐等人是王門第一代弟子，也是此時江右陽明學的重要領袖。……」，頁 140。（台北：中研院近史所，2003 年。）

〔註3〕 見呂妙芬，《陽明學士人社群——歷史、思想與實踐》，頁 161。

〔註4〕 宋儀望於雙江行狀中，形容其氣象道：「往被逮時，從容出見使者，更囚服，慷慨就道，室中悲號不勝，先生若不聞，門人父老送之無不流涕，先生第拱手以別。是時同郡東廓、念菴諸公皆追送江滸，猶相與講學不輟。」見〈明榮祿大夫太子太保兵部尚書贈少保諡貞襄雙江聶公行狀〉，《華陽館文集》卷之十一，頁 15 下～16 上。

〔註5〕 「閒久靜極」採黃宗羲語。見黃宗羲，《明儒學案》，《黃宗羲全集》第七冊卷十七，頁 427。

〔註6〕 見黃宗羲，《明儒學案》，《黃宗羲全集》第七冊卷十七，頁 427。

功有得而見心體，使雙江更爲相信良知本寂之眞切，而著《困辯錄》〔註7〕，悟得不睹不聞之心體，便是未發之中〔註8〕，雙江據此未發之中，從而發展出歸寂說。

　　嘉靖 29 年（1550），雙江再度被召爲僉都御史，尚未赴任，轉任兵部侍郎。嘉靖 32 年（1553）陞任兵部尚書，其間多有功績，而加至太子少傅。後因上疏反對趙文華所議遣視師、祀海神、差田賦、開市舶等事，而以老疾罷歸。〔註9〕雙江歸鄉之後，建賜老堂於東皋上，終日與弟子講道問學，直至嘉靖 42 年（1563）逝世爲止，一生講學不倦。

　　以上是對於雙江生平的要重點介紹，從上文可以發現，雙江從嘉靖 10 年歸鄉丁憂，到嘉靖 20 年任平陽知府；以及從嘉靖 32 年罷歸，到嘉靖 42 年逝世，這加起來大約二十年左右的時間，雙江均居鄉講學。雖然這段期間是處於仕途困頓之中，但在雙江等人講學不倦的影響下，使陽明學在永豐縣大爲流行，培養出許多傾慕良知學的士人，如曾夢祺、邱一鴻、鍾徵、謝蒙選等人，這批士人皆積極參與講學集會，和雙江等人一同交游往來，研究學術，使陽明學在江右興起，逐漸取代原本流行於永豐縣的白沙學。〔註10〕

　　據上文可知，雙江一生對於陽明學的講授工作，實乃不餘遺力，但若要深究雙江與陽明之關係，事實上雙江並不能算是陽明的親傳弟子。雙江弱冠之年曾受學於鄉人郭梅厓〔註11〕，然其論學書信之時，屢稱「先師」者，指的則是陽明。雙江雖承陽明學，但實際上只有一次親見陽明，以及兩次書信往來的交流。雙江與陽明的會面是在嘉靖 5 年，雙江任福建監察御史之時，由福建渡錢塘江來拜謁陽明，時雙江已年屆不惑。經過短暫的晤談之後，陽明對雙江有不錯的評價，曾致書歐陽南野說道：

　　　　文蔚天資甚厚，其平日學問功夫，未敢謂其盡是，然卻是樸實頭，
　　　　有志學古者。比之近時徒尚口說，色取行違而居之不疑者，相去遠

〔註7〕見林月惠，《良知學的轉折：聶雙江與羅念菴思想之研究》，頁199。

〔註8〕雙江於《困辯錄》中提到：「不睹不聞，便是未發之中。」見黃宗羲，《明儒學案》，《黃宗羲全集》第七冊卷十七，頁436。

〔註9〕有關趙文華所陳七事，見《明世宗實錄》，卷之四一九，頁5上～下（7269～7270）。筆者轉引自呂妙芬，《陽明學士人社群──歷史、思想與實踐》，頁162。

〔註10〕見呂妙芬，《陽明學士人社群──歷史、思想與實踐》，頁165。

〔註11〕雙江云：「往余弱冠與坦菴仲子敏同受學於梅厓郭先生之門，……」，見〈贈文林郎監察御史坦菴宋公墓誌銘〉，《雙江聶先生文集》卷之六。載於《四庫全書存目叢書》集部第七十二冊，頁352。（台南：莊嚴文化，1997年。）

矣。前者承渠過訪，惜以公務，不能久留。只就文義間，草草一說，
鄙心之所願致者，略未能少效，去后殊爲怏怏。良知之說，近時朋
友多有相講一、二年，尚眩惑未定者。文蔚則開口便能相信，此其
資質誠有度越於人。只是見得尚淺，未能洞澈到得，如有所立卓爾，
是以未免尚爲書見舊聞所章〔註12〕。然其胸中渣累絕少，而又已是
此頭腦，加之篤信好學，如是終不慮其不洞徹也。〔註13〕

從這段敘述中，可以知道陽明認爲雙江天資甚厚，開口便能相信良知頭腦，
對於雙江有著高度的評價，不過，陽明也認爲雙江可能因爲仍受傳統見解所
障蔽，目前尚未能領會良知深義，但相信憑著雙江的篤信好學，未來必可洞
澈良知真旨，並且，陽明也對於此次晤面不能與雙江久談表達了惋惜，可見
陽明對於雙江有著深深的嘉許勉勵之情。

在這一次會面之後，雙江曾兩次書信向陽明請益〔註14〕。兩年之後，即
嘉靖 7 年，陽明不幸病逝，雙江乃建養正書院，希求傳陽明聖學〔註15〕，並
重刻《傳習錄》〔註16〕、《大學古本》〔註17〕等陽明生前重要著作。嘉靖 8 年，
雙江任蘇州知府時，往見緒山、龍溪，表達願意拜陽明爲師的心願，於是以
緒山、龍溪爲證，設置香案拜師，正式歸入陽明門下，成爲陽明弟子。往後
雙江講道問學之時，便以陽明弟子的立場來發言，有意識地宣揚陽明良知之
教。

關於雙江與陽明從初次見面，到設案拜師的這段經過，黃宗羲在《明儒
學案》中記載道：

陽明在越，先生以御史按閩，過武林，欲渡江見之。人言力阻，先
生不聽。及見而大悅曰：「君子所爲，眾人固不識也。」猶疑接人太
濫，上書言之。陽明答曰：「吾之講學，非以蘄人之信己也，行吾不
得已之心耳。若畏人之不信，必擇人而與之，是自喪其心也。」先

〔註12〕疑「障」字。
〔註13〕此文爲陽明嘉靖五年所寫的〈答歐陽崇一〉，今《王陽明全集》未收錄，爲王
陽明逸文，原載於 1533 年黃綰序刊本《陽明文錄》，卷之三。筆者轉引自林
月惠，《良知學的轉折：聶雙江與羅念菴思想之研究》，頁 178～189。
〔註14〕《雙江聶先生文集》卷之八，有〈啓陽明先生〉一書。詳見《四庫全書存目
叢書》集部第七十二冊，頁 385 下～388 下。
〔註15〕見〈重修養正書院記〉，《雙江聶先生文集》卷之六，頁 326 下～327 上。
〔註16〕見〈重刻傳習錄序〉，《雙江聶先生文集》卷之三，頁 276 下～277 上。
〔註17〕見〈重刻大學古本序〉，《雙江聶先生文集》卷之三，頁 278 下～279 上。

生爲之愓然。陽明征思田，先生問「勿忘勿助」之功，陽明答書：「此
間只說必有事焉，不說勿忘勿助。專言勿忘勿助，是空鍋而爨也。」
陽明既沒，先生時任蘇州，曰：「昔之未稱門生者，冀再見耳，今不
可得矣。」於是設位，北面再拜，始稱門生，以錢緒山爲證，刻兩
書於石以識之。〔註18〕

在這段敘述中，黃宗羲提到，當時雙江認爲陽明交游過於廣泛，因此曾上書
言之，而陽明回答道，自己從事講學，並非祈求眾人皆相信於我，而只是要
行「不得已之心」，若因爲憂慮眾人之不相信己學，而必先經過篩選才與之交
往，便是自喪其心。雙江聽聞陽明的言論，愓然在心，日後雙江居鄉講學，
大批士人與之交往，雙江皆眞誠接待，或許即是受到陽明這種講學態度所影
響。另外，在這段文字中，黃宗羲也述及陽明征思田，雙江問陽明「勿忘勿
助」之功一段記載，筆者認爲雙江與陽明的此段問答十分重要，從雙江對於
「勿忘勿助」之功的意見中，其實已經可看出後來雙江學說的特色，關於此
問題，下文將深論。

　　從以上敘述可以了解，雙江雖然自謂師承陽明，在文章書信中也屢稱陽
明爲先師，但事實上，雙江與陽明僅有一次面晤，以及兩次書信往來的交流，
並非是陽明的親傳弟子，而是陽明死後，以緒山、龍溪爲證，設置香案拜師，
正式歸入陽明門下的。儘管如此，筆者認爲一個人若能得到受業熏習的機會，
自是對其學問有相當的幫助，但這並不代表一個人若無親炙學習的機會，則
對其學問便產生致命的損傷。雙江固然不能像龍溪一般，獲得陽明親授心傳，
但通過自學，雙江對於陽明學說以及儒家經典亦能有相當程度的掌握，因此，
筆者認爲，不能因爲雙江的「血統不純」，便對雙江作出先入爲主的否定，這
是筆者對雙江學說研究所抱持的基本考慮。

第二節　基本立場：反對以知覺爲良知

　　儒家是內聖之學，反省的是道德實踐的問題，儒家學問從孔孟發展到了
陽明，陽明提出「良知」一概念以示人之本性，確立人之道德主體，人若要
實踐道德，只需致此知是知非之良知，使良知不爲人心私欲所隔，將良知之
天理推致於事事物物之上，使事事物物各得其正，理便在其中呈顯。此便是

───────────────
〔註18〕見黃宗羲，《明儒學案》，《黃宗羲全集》第七冊卷十七，頁426～427。

陽明「致知格物」的道德實踐之學。陽明逝世之後，隨著陽明弟子理解不同，以及治學重心不同，陽明致知之學逐漸在王門弟子間發展成不同的學問形態。雖然各家學問形態不盡相同，但實際上不外環繞在兩個核心問題上，即：「什麼是良知？」，又「如何致得良知？」，學者紛紛依照個人理解，對此提出見解，建立己說，並與他人展開論辨。

雙江身屬王門弟子之一員，同樣自認其學說乃是本於師說而發，但在當時其他王門弟子的眼中，其發展出來的學問形態，與陽明學說很不相類，於是眾家群起而攻之，質疑雙江有違師說。筆者認為，雙江學說之所以令人質疑有違陽明，其根本原因乃出於雙江反對「以知覺為良知」的學術考量，而這也正是其學說之基本關懷，本節將對此基本關懷的學術背景，以及實質內容進行分析與討論。

一、對治王學流弊

黃宗羲曾在《明儒學案》中記載到眾家學者批評雙江的情況：

> 是時同門為良知之學者，以為未發即在已發之中，蓋發而未嘗發，故未發之功卻在發上用，先天之功卻在後天上用。其疑先生之說者有三：其一謂道不可須臾離也，今日動處無功，是離之也。其一謂道無分於動靜也，今日功夫只是主靜，是二之也。其一謂心事合一，心體事而無不在，今日感應流行，著不得力，是脫略事為，類於禪悟也。王龍溪、黃洛村、陳明水、鄒東廓、劉兩峯各致難端，先生一一申之。〔註19〕

從黃宗羲這段敘述中，可以看見當時王門弟子批評雙江有離動主靜、脫略事為的問題，因而視雙江學問乃近禪學，背離了師門。但在另一方面，也有其他學者支持雙江學說，如羅念菴便曾稱許道：「雙江所言，真是霹靂手段，許多英雄瞞昧，被他一口道著，如康莊大道，更無可疑。」〔註20〕，黃宗羲也對雙江深表認同：

> 陽明自江右以後，始揭良知。其在南中，以默坐澄心為學的，收斂為主，發散是不得已。有未發之中，始能有中節之和，其後學者有喜靜厭動之弊，故以致良知救之。而曰良知是未發之中，則猶之乎

〔註19〕見黃宗羲，《明儒學案》，《黃宗羲全集》第七冊卷十七，頁427。
〔註20〕見黃宗羲，《明儒學案》，《黃宗羲全集》第七冊卷十七，頁427。

前說也。先生亦何背乎師門？乃當時群起而難之哉！〔註21〕

黃宗羲認為，雙江以「未發之中」來詮解良知，實合於陽明在南中時期，默坐澄心、收斂為主的學問面貌，暫不論黃宗羲此一評斷是否允當〔註22〕，但從眾學者對雙江兩極化之回應中，可以發現雙江學說之內容與意義有許多地方需要商榷，在此，筆者認為首先必須對雙江所關注的問題有一認識。

雙江的學說，實際上乃是針對當時的學術弊病而發：

> 今之講良知之學者，其說有二：一曰良知者知覺而已，除卻知覺別無良知。學者因其知之所及而致之，則知致矣，是謂無寂無感，無內外，無先後，而渾然一體者也。一曰良知者，虛靈之寂體，感於物而後有知，知其發也。致知者，惟歸寂以通感，執體以應用，是謂知遠之近，知風之自，知微之顯，而知無不良也。夫二說之不相入，若柄鑿然。主前說者，則以後說為禪定，為偏內；主後說者，又以前說為義襲，為逐物。聽者惑焉，而莫知所取衷。〔註23〕

雙江將當時談論良知學的學者意見區分為兩派，一派認為良知即是知覺，良知與知覺無別，二者渾是一體，致良知只在知覺處來致；另一派則認為良知與知覺有別，良知是虛靈寂體，知覺是體之發用，致良知必須回到本體處來致，唯有歸寂以執體後，方能通感以應用。雙江也提到，當時這兩派的說法針鋒相對，相互抵指，致使當時學者對良知學說感到疑惑，莫衷一是。

此段文中雖未明言所指對象為誰，但綜觀文獻，雙江自己應歸為後派，而前派說法正是針對龍溪「見在良知」的主張，〔註24〕雙江云：

> 尊兄高明過人，自來論學只從混沌初生，無所污壞者而言，而以見

〔註21〕見黃宗羲，《明儒學案》，《黃宗羲全集》第七冊卷十七，頁426～427。

〔註22〕若依牟宗三先生的意見，陽明「默坐澄心」、「收斂為主」之學，乃是人隨時當有的常行，並不能依此來決定陽明義理系統的方向。（牟宗若三，《從陸象山到劉蕺山》）由此可見，黃宗羲的說法是否允當，還需要詳加討論，這個問題將在後文處理，此處暫時不論。

〔註23〕見〈贈王學正之宿遷序〉，《雙江聶先生文集》卷之四，頁306上～下。

〔註24〕近人學者也持同樣的看法，林月惠說：「雙江之歸寂說，若就其所針對的學術問題而言，則顯然是為拯救王龍溪言『見在良知』之流弊而發。」（林月惠，《良知學的轉折：聶雙江與羅念菴思想之研究》，頁199。），吳震也提到：「雙江之所以強調『歸寂』，正是針對『知覺』說而發。」、「雙江之所以反對『知覺』說，其用意還在於針對當時流行的『現成良知』說。」（吳震，《聶豹、羅洪先評傳》，頁77、頁84～85。）

在為具足，不犯做手為妙悟，以此自娛可也，恐非中人以下之所能
及也。〔註25〕

雙江認為，現成良知只是良知之發用，並非良知本體，若就現成良知來做工
夫，便是執用求體，終究不能致得良知。並且，雙溪認為龍溪以知覺為良知，
將會引發「逐物」之弊：

致知之功，亦惟立體以達其用，而乃以知覺為良知而致之，牽己以
從，逐物而轉，雖極高手，只成得一個野狐外道，可痛也。〔註26〕

雙江指出，學者若以為知覺即是良知本身，而將致知工夫用在知覺之上，那
便是受制於意念，追逐於外物，就算以龍溪天資之高，若如此來作工夫的話，
亦將失卻本源，流為外道。

除此之外，針對當時學者普遍「以知覺為良知」的情況，雙江亦云：

今士夫談學者，不少往往逐塊襲影，而於本原之地全不理會，如以
知覺為良知之類是也。夫知覺乃良知之影響，良知自然知覺，而以
知覺為良知，其與逐塊之犬何異哉？〔註27〕

雙江認為，當時學者不明白知覺只是良知之形影、良知之應響，並非是良知
之體本身，故直接即於知覺上來求良知，而忽略了工夫應當用在本源之地，
也就是良知本體上。雙江並以「逐塊之犬」來形容，顯示雙江對於「以知覺
為良知」，抱持著強烈的批判。而若進一步觀察，文中言：「良知自然明覺，
而以知覺為良知，其與逐塊之犬何異哉？」表示了在雙江觀念中，將「覺」
作了「明覺」與「知覺」兩種不同的區分，而為何須要此種區分？又，這兩
種「覺」各自具有何種意涵？筆者認為，可以從雙江的體用思想切入探究。

雙江云：

心之虛靈知覺均之為良知也，然虛靈言其體，知覺言其用，體用一
原，體立而用自生。致知之功，亦惟立體以達其用，而乃以知覺為
良知而致之，牽己以從，逐物而轉，雖極高手，只成得一個野狐外
道，可痛也。〔註28〕

雙江認為，從整體的角度來看，良知是體，「虛靈」與「知覺」同時為良知之

〔註25〕見〈答王龍溪〉（即致知議畧），《雙江聶先生文集》卷之十一，頁478上。
〔註26〕見〈答松江吳節推〉，《雙江聶先生文集》卷之八，頁415上。
〔註27〕見〈答胡青崖〉，《雙江聶先生文集》卷之九，頁425上。
〔註28〕見〈答松江吳節推〉，《雙江聶先生文集》卷之八，頁414下～415上。

體所發，均可視作是良知；但若從分析的角度來看，則「虛靈」言良知之體，「知覺」言良知之用，如此一來，「虛靈」與「知覺」便有體用上的異層區分，不能混同。可知在其觀念中，良知本體虛靈明覺，良知發用則爲知覺，這是從體用的角度，將良知與知覺一析爲二。然而，必須進一步問的是，良知本體的「虛靈明覺」究竟爲已發之用？還是爲未發之體？若是爲用，則應與知覺無別；若是爲體，則又已經落在有覺之中。如此說來，雙江觀念中「虛靈」與「知覺」的區別，似乎不僅止於體用上的分判。並且，雙江也提到，雖然良知爲體，知覺爲用，但最終體用仍是一源，體立而用自生，體用並非永遠處在割裂的狀態，可知雙江雖然強調良知（虛靈明覺）不同於知覺，但此種不同，並非絕對的分裂關係，而是可以通過工夫，使體用關係由分裂而歸於一。

雙江這種體用區分的良知觀，在王學脈絡下是很特殊的，從表面上看來，似乎與陽明學說很不相同。在陽明〈答聶文蔚〉第二書中，記載到陽明對雙江的指點，從中便可以觀察到二人的歧異：

> 蓋良知只是一個天理自然明覺發見處，只是一個眞誠惻怛，便是它本體。故致此良知之眞誠惻怛以事親便是孝，致此良知之眞誠惻怛以從兄便是弟，致此良知之眞誠惻怛以事君便是忠。只是一箇良知，一箇眞誠惻怛。〔註29〕

在陽明，本心之明覺即是心之本體，隨著本心明覺之生發，遇親則孝，遇兄則悌，當下便給出道德實踐的動力，而理也便在當下的道德行爲中呈現，人只要去除私弊，保有本心明覺之眞誠惻怛，便能確保通暢無礙的道德行爲。陽明也曾說道：

> 知是天理之昭明靈覺處，故良知即是天理。思是良知之發用，若是良知發用之思，則所思莫非天理矣。〔註30〕

換言之，在陽明的義理系統中，良知與明覺、思慮無法析解爲二，良知即是明覺，即是思慮，良知之天理若要呈顯，即在良知之覺中、思中顯，無法在明覺、思慮之外，去旁求另外一個良知。反觀雙江的說法，雙江以體用來區分良知與知覺，顯示出雙江對於陽明揭舉的良知豐富意涵，似乎不能有確實的了解，同時也取消了陽明義理系統中的道德實踐動力，順著此種體用區分

〔註29〕見王陽明〈答聶文蔚・二〉。
〔註30〕見王陽明〈答歐陽崇一〉。

的思路，最終將導致「致知」的實踐可能性淪喪，由此看來，雙江的說法似乎並不能在陽明良知學的脈絡下成立，而下文將對雙江主張實際衍生的理論困難與解決方向，提出討論。

二、衍生的理論困難

雙江企圖提出歸寂說來糾正當時學術的問題，其謂良知與知覺有別，工夫只能用在良知本體處，不能用在知覺發用處，這是雙江學說的基本關懷，從中我們可以看到雙江作為一個儒者的用心。然而進一步要問的是，雙江「反對以知覺為良知」的說法是合理的嗎？這樣的論點切合於陽明義理系統嗎？針對這個問題，在本文首章，已對前人研究成果作出分析與整理，基本上，牟宗三先生、蔡仁厚先生，以及林月惠教授、吳震教授等人皆認為，雙江學說是與陽明學說有段距離的，而其原因可以簡單歸結成兩項，即：「割裂體用」、「頭上安頭」的問題，若再深究，實際上這兩項問題乃源出於其反對「以知覺為良知」此核心主張上。

雙江反對「以知覺為良知」此一主張的理論困難，充分表現在其一段言論當中，此段言論中提出的說法，備受質疑。雙江云：

> 今天下從事於良知之學者，乃寖以失其真何哉？良知者未發之中，備物敦化，不屬知覺，而世常以知覺求之，蓋不得於孩提愛敬之言而失之也。孟子曰：孩提之童，不學不慮，知愛知敬。是蓋即其所發以驗其中之所有，故曰：親親仁也，敬長義也。初非指愛敬為良知也。猶曰惻隱羞惡，仁義之端；而遂以惻隱羞惡為仁義可乎？〔註31〕

首先，雙江指出良知即是未發之中，與知覺有別，但今之學者卻常即於知覺來求良知，如此實不得良知真旨。接著，雙江謂今之學者之所以有此誤解，乃是因為對於孟子「孩提愛敬」之言的錯誤理解。雙江認為，孩提之所以不學不慮，而能表露知愛知敬之情，這是因為有未發之中作為主宰的緣故，吾人可就其已發來察驗其未發，但不可說已發之愛敬之情，便是未發之良知本體。這如同惻隱羞惡，是為仁義之端，但不可說此惻隱羞惡便是仁義本身。

雙江進一步認為：

> 今夫以愛敬為良知，則將以知覺為本體。以知覺為本體，則將以不

〔註31〕見〈送王惟中歸泉州序〉，《雙江聶先生文集》卷之四，頁296下～297上。

> 學不慮爲功夫。其流之弊：淺陋者恣情玩意，拘迫者病己而稿苗，
> 入高虛者遺棄簡曠，以耘爲無益而舍之。是三人者，猖狂荒謬，其
> 受病不同，而失之於外一也。〔註32〕

今之學者若是以知覺爲良知本體，則將以不學不慮爲工夫，即不作工夫，如此一來，在淺陋者、拘迫者、入高虛者處，便會產生恣情玩意、病己稿苗、遺棄簡曠的毛病。所謂「恣情玩意」指的是隨情流蕩，「病己稿苗」指的是助長的病痛，「遺棄簡曠」指的是離棄世間倫常的病痛，三者病痛雖各有不同，但在雙江觀念中，均是忽略未發本體所造成的學術流弊。

筆者認爲，在這段言論中，雙江提出「愛敬」與「良知」、「惻隱羞惡」與「仁義」之間存在著已發未發的區別，不可俱作爲一。可以發現，這樣的主張似乎不能與孟子、陽明一系的義理系統相切。而何以不切？由於雙江論述中涉及到孟子學說中的概念，因此在回答此問題之前，必須先對儒家義理及孟子學說作一簡單的回顧。

依照目前普遍的學術看法，儒家要談的人性，並非中性的自然人性，乃欲點出人性中的價值根源，挺立人之所以爲人的道德主體，換言之，儒家要談的是道德人性。孟子言「性善」，強調「人禽之辨」，即是要表明這層意思。一方面，人乃有限之存有，與動物一般，具有種種的自然生命活動，需要滿足種種的情緒欲望，如「飢者甘食，渴者甘飲」〔註33〕之類；但另一方面，人卻也能隨時掙脫動物性身分，不受感性欲望的束縛，而有自發自覺的表現，藉此自發自覺的表現，人的生命，當下便從自然氣性的活動中跳脫出來，活出「理」的身分，這便是人的尊嚴所在，也是價值所在。

關於此道德人性主體，孟子以「四端」來契入之。這部分的論述，在孟子義理系統中，具有十分重要的地位：

> 孟子曰：「乃若其情，則可以爲善矣，乃所謂善也。若夫爲不善，非
> 才之罪也。惻隱之心，人皆有之；羞惡之心，人皆有之；恭敬之心，
> 人皆有之。惻隱之心，仁也；羞惡之心，義也；恭敬之心，禮也；
> 是非之心，智也。仁義禮智，非由外鑠我也，我固有之也，弗思耳

〔註32〕見〈送王惟中歸泉州序〉，《雙江聶先生文集》卷之四，頁296下～297上。
〔註33〕見《孟子・盡心上》二七。孟子曰：「飢者甘食，渴者甘飲，是未得飲食之正也，飢渴害之也。豈惟口腹有飢渴之害，人心亦皆有害。人能無以飢渴之害爲心害，則不及人不爲憂矣。」

> 矣。故曰，求則得之，舍則失之。或相倍蓰而無算者，不能盡其才者也。……」〔註34〕

> 所以謂人皆有不忍人之心者，今人乍見孺子將入於井，皆有怵惕惻隱之心，非所以內交於孺子之父母也，非所以要譽於鄉黨朋友也，非惡其聲而然也。〔註35〕

在前段引文中，「乃若其情」的「情」，是「實」之意，是指「性」而言。〔註36〕故「乃若其情」是指，就人的實情、實性而言，即，就人的道德人性而言，每個人都可以自發自覺去為善。此四端之心是每個人都具備的，且是隨時都可以具體呈現出來的，人在發心動念的當下，若能除去私欲之遮蔽，單順四端之心而行動，那麼這一刻的生命活動，即是仁義禮智之理的全幅展現。在後段引文中，孟子舉出「孺子入井」為例，當人乍見孺子將入於井時，在那毫不容遲疑的剎那片刻，人必會油然生起怵惕惻隱之心，此怵惕惻隱之心的生起，並非是基於任何外在條件的緣故，因此，由此純粹之心的生起便可明白，人性中的道德人性乃是具足無缺，不須外求，且是能夠隨時發動的，每個人即便不學不慮，亦當能夠、並且應該隨時實踐道德，活出理想的道德生命。

　　若再進一步深論四端之心的意涵，雖然孟子言惻隱、恭敬、羞惡、是非之心，乃是仁、義、禮、智之端，但此「端」非就感性的氣化活動而言，此「端」本身便是道德實踐之理的活動展現。關於此義，楊祖漢老師理解道：

> 所謂『惻隱之心仁之端也』之端，是仁心呈現之端緒，起始之意，此惻隱之心是人的本心、仁心呈現之起始、端緒……若說端緒不是全體，乃是在發用上，表現上說，非就本體上說。此為發用上之端緒，不影響惻隱之心便即是仁之理本身之意義。〔註37〕

根據楊老師的理解，孟子是從人惻隱之心的呈現處，當下直悟到此心乃純粹的道德之體的呈現，換言之，孟子所謂的惻隱羞惡之心，即是本心呈現之起始、端緒，若能當下逆覺之，又擴而充之，便可產生道德行為，故惻隱羞惡之心的本身，即是仁義之理本身，就本體上來說是理，但若就惻隱羞惡的表

〔註34〕見《孟子‧告子上》六。
〔註35〕見《孟子‧公孫丑上》二。
〔註36〕見楊祖漢老師等，《孟子義理疏解》，頁47。（台北：鵝湖出版社，2004年。）
〔註37〕引自楊祖漢老師，《儒家的心學傳統》，頁62～63。（台北：文津，1992年。）

現上來說，則是情，然此情非氣言，而是以理言之情。同樣地，孟子以「孩提之童，不學不慮」來說明人生來即具備知善知惡之良知，及爲善去惡的良能，此良知良能亦即是吾人之本心，在本心呈現時，面對親者，自然有愛情之表現；面對兄長，自然有敬情之表現，這愛敬之情亦即是本心本身，從本體上來說是性，從發用上來說則是情，然此情絕非經驗層面的感性之情，非是屬氣。

另外，孟子也以「愛敬」來契入此道德人性主體：

> 人之所不學而能者，其良能也；所不慮而知者，其良知也。孩提之童，無不知愛其親者；及其長也，無不知敬其兄也。親親，仁也；敬長，義也。無他，達之天下也。〔註38〕

孟子以「孩提之童，無不愛親敬長」爲例，明言人性中皆具備不慮而知的良知，及不學而能的良能，此良知良能不需要依待後天的經驗知識學習來獲得，故此良知良能乃人性中先天而本有者，也正是人性中的道德實踐根據。人依此良知良能，面對現實生活中分殊之情境，自然可以給出恰當合理的判斷及應對，遇親則思愛、行愛，遇長則思敬、行敬，在愛敬的發心動念與行爲活動處，同時便實現、創生了仁義之理。後來，陽明承此良知良能之義，並發揚擴大之。在陽明，良知良能即是本心之明覺，本心之覺是知，而本心之覺的當下，便有沛然的動力產生，要求人依本心之覺去實踐，此即是行，如此一來，良知之明覺，實際上便是創生性的道德實踐活動。

由上述討論可知，儒家所欲豁顯的「性」乃是道德主體，也就是理想人格，孟子是以「四端」、「愛敬」來契入此道德主體，陽明則以「良知明覺」來契入之，因此，在孟子、陽明的義理系統中，所論及的「心」（四端）、「情」（愛敬）、「覺」（明覺）的概念，實際上皆具備了「性」、「理」之意涵，其用意是爲了點出人性中先天的道德主體，以及彰顯人實踐道德的動力來源。

據此反觀雙江的言論，雙江強調愛敬與良知、惻隱羞惡與仁義之間的區別，愛敬之情乃是良知所發，吾人從愛情敬情之發，固然可以查驗其中有良知做爲其發之根據，但不能遂以愛敬爲良知；同樣地，從惻隱羞惡之發，固然可以察驗其中有良知做爲其發之根據，但不能遂以惻隱羞惡爲良知，如此則似不解孟子言「四端」「愛敬」與陽明言「良知明覺」之眞旨，而與孟子、陽明一系的義理主張不一致，反與朱子的理解較爲近似。

〔註38〕見《孟子·盡心上》十五。

朱子在注《孟子》「四端」時，提到自身對於「四端」的理解：

> 惻隱、羞惡、辭讓、是非，情也。仁、義、禮、智，性也。心，統
> 性情者也。端，緒也。因其情之發，而性之本然可得而見，猶有物
> 在中而緒見於外也。〔註39〕

朱子認爲，惻隱、羞惡、辭讓、是非爲情之表現，仁、義、禮、智爲性之理，
而心乃統性情者，心以其認知作用，統攝性理，以性理作爲情發之根據，使
情之表現皆合於理。而吾人憑藉情之合理表現，便可得見其中有性理以爲根
據，如同由外現之端緒處，便可知有物涵具於其中。可以發現，雙江「即其
所發以驗其中之所有」的說法，的確是與朱子思路較爲接近的，也因此可以
明白，雙江以已發未發的區別理立場，去掌握「愛敬」與「良知」、「惻隱羞
惡」與「仁義」之間的關係，實際上無法與孟子、陽明一系的義理系統相切，
而形成其學說的難題。

除此之外，雙江必須再面對一個更重大的問題，即：道德實踐動力來源
的問題。由上述討論可知，良知實際上蘊含了活動義，人在良知之明覺當下，
生命內部便湧發不容已、不可擋的沛然動力，迫使人順良知之明覺以去實踐。
比較之下，雙江反對「以知覺爲良知」，便否認了明覺本身即是良知本身，良
知是本體，卻不是心體，如此一來，便而取消了良知的活動義，人也因此無
法順良知之明覺而有順暢無礙的道德實踐，這是雙江學說的難處，但基本上，
筆者認爲雙江學說是可以對此難處提出回應的，在其學說中，仍然存在著動
力來源可保證道德實踐，後文將對此進行討論。

綜上所論，雙江面對時下學術流弊，提出反對「以知覺爲良知」的主
張，此主張雖然誤解了孟子、陽明心學一系義理脈絡下的知覺意涵，但若
依照上述討論可以知道，雙江對於知覺不可信的考慮，在一定程度上依然
能與儒家心學義理相應，且具有工夫修養上之眞實考量，但若要證成其歸
寂說的理論架構，則須另外補足其道德實踐之動力來源。而筆者認爲，在
其學說理論中，確實具有其他動力來源，可保證道德實踐的必然性，由於
這部分的討論涉及到工夫論的範圍，故先暫停於此，詳細的論述內容將在
下章中處理。以上便是針對雙江學說之基本關懷與理論困難，所作出的初
步展示，其中一些論點還未明朗，後文將逐步仔細釐清，下文將正式進入
雙江良知觀的分析與討論。

〔註39〕見朱熹，《孟子集注》卷三。

第三節　良知本寂

一、良知乃虛靈之寂體

　　上文言及，雙江對於良知的定義乃是：「良知者，虛靈之寂體，感於物而後有知，知其發也。」〔註40〕在雙江觀念中，良知爲體，知覺爲用，從良知與知覺不同的分判中，突顯出良知作爲超越根據的本體身分。對此，雙江亦以「良知本寂」的說法，來詮釋此義：

　　　竊謂良知本寂，感於物而後有知，知其發也，不可遂以知發爲良知，而忘其發之所自也。心主乎內，應於外而後有外，外其影也，不可以其外應者爲心，而遂求心於外也。故學問之道，自其主乎內之寂然者求之，使之寂而常定也，則感無不通，外無不該，動無不制，而天下之能事畢矣。譬之鑑懸於此，而物來自照；鍾之在簴，而扣無不應，此謂無內外、動靜、先後，而一之者也。〔註41〕

雙江認爲「良知本寂」，良知本然狀態乃是「寂而常定」，與外物接觸，受感於物之後，方有知之發用，然而，知雖由良知所發出，卻與良知非爲一物，不能直接將知當作良知本身看待，忽略了知的發源根據才是良知。同樣地，心接應於外事之後，才產生相應之對待，亦即外應，然而，外應雖由心所發出，如同心的顯影一般，卻與心非爲一物，不能直接將外應視作心之本身，誤以爲可以求心於外。因此，雙江進一步認爲，既然「良知本寂」，故吾人從事學問修養時，應回到生命內部來做工夫，使良知寂體回復至寂然常定之狀態，本體純粹善化之後，自然便能順暢無礙地發用出來，使一切感應皆通達充備，一切行動皆有法有度，而天下所能之事皆能由此完成。這種情況，如同懸鏡於此，而物來自有其照；亦如同掛鍾於柱，而叩擊自有聲響，是故可知，本體確立之後，自然能有順遂之發用，在此理想狀態下，體用之間並無內外、動靜、先後之分，體用無二，渾是一。

　　在這段文字中，一方面，雙江使用「寂」此一概念來詮釋良知，點出良知作爲一超越根據的本體身分；而另一方面，雙江以「寂而常定」此一形容語，呈現出良知純粹無雜染的理想狀態，亦即良知的特質。可以明白，在雙

〔註40〕見〈贈王學正之宿遷序〉，《雙江聶先生文集》卷之四，頁306上。
〔註41〕見〈答歐陽南野‧三〉，《雙江聶先生文集》卷之八，頁390下～391上。

江觀念中，「寂」乃是就良知本體而言，意在突顯本體之「寂」；而並非是就氣化流行而言，如心平氣和、氣定神閒之類。

對此寂體意涵，雙江亦云：

> 夫本原之地，要不外乎不睹不聞之寂體也。不睹不聞之寂體，若因感應變化而後有，即感應變化而致之，是也。實則所以主宰乎感應變化，而感應變化乃吾寂體之標末耳。〔註42〕

雙江認為良知寂體，不睹不聞，是吾人道德生命的本原之地，也是感應變化的主宰根據，吾人若要致得良知寂體，便須回到本體處用功，不能即於感應變化之枝節標末處來致之。這種說法，亦同於其良知為體，知覺為用，反對以知覺為良知等想法。在其觀念中，「寂」是本體，亦是本體理想狀態之形容，「感應變化」則非體，而是體之發用。在生命的理想狀態下，用中有體作為主宰依據，則「體立而用自生」〔註43〕、「自有以通天下之故」〔註44〕；然而，若處在非理想的狀態下，用中缺乏體作為主宰，則不能「立體以達其用」〔註45〕，挺立良知本體以為發用之根據，吾人將以「思慮為則，入於憧憧之私」〔註46〕。

二、「以寂體釋良知」的義理意義

雙江之所以以寂體釋良知，蓋源出於其對《易》的學習與闡發。雙江屢言：

> 竊謂虛寂乃大《易》提出感應之體以示人，使學者知所從事。蓋堯舜相傳以來只有此義，即此義而精之，則天下之用備於我矣，尚何以思慮哉？〔註47〕

> 夫子於大《易》發感應之體，揭虛寂以為言，已是再闢混沌，此外更無極則可尋究。〔註48〕

> 儒者諱言虛寂，乃吾夫子於《易》究感應之體而質言之，何也？〔註49〕

〔註42〕見〈答歐陽南野・三〉，《雙江聶先生文集》卷之八，頁391下。
〔註43〕見〈答松江吳節推〉，《雙江聶先生文集》卷之八，頁415上。
〔註44〕見〈答歐陽南野・三〉，《雙江聶先生文集》卷之八，頁392下。
〔註45〕見〈答松江吳節推〉，《雙江聶先生文集》卷之八，頁415上。
〔註46〕見〈寄王龍溪二首・二〉，《雙江聶先生文集》卷之八，頁408上～下。
〔註47〕見〈寄王龍溪二首・二〉，《雙江聶先生文集》卷之八，頁408上～下。
〔註48〕見〈寄羅念庵十六首・二〉，《雙江聶先生文集》卷之九，頁418上～下。
〔註49〕見〈刻夏游記序〉，《雙江聶先生文集》卷之三，頁284下。

可以明白，雙江認爲自己所談的寂體，正是《易》中提到的「感應之體」，並且，雙江依此爲自己的寂體概念建立道統依據。〔註50〕若再深究，實際上雙江所謂的「感應之體」，主要是從咸卦䷞發蘊而來，雙江云：

> 夫子本咸之體德，探虛寂之蘊，以立感應之體。體用一原，體立而用自生。乃謂寂不足以盡感，而必即感爲寂，乃爲眞寂，此僕之所未解也。若謂寂由感而生乎？實所以主夫感也。〔註51〕

「咸，亨，利貞，取女吉。」，咸卦若照卦辭字面意義來看，談的是男女婚媾之事，雙江所謂的「感應之體」，應就《彖傳》而言。《彖》曰：「咸，感也。柔上而剛下，二氣感應而相與。止而說，男下女，是以亨利貞，取女吉也。天地感而萬物化生，聖人感人心而天下和平。觀其所感，而天地萬物之情可見矣。」咸者，感也。按照《周易正義》的解法，「柔上而剛下」是以卦之上下二體來釋咸亨之義，兌柔居上，艮剛居下，故二氣能感應而相授與；「天地感而萬物化生」是談感之義，天地二氣，若不感應相與，則萬物無法應化而生；「聖人感人心而天下和平」是談聖人設教，使人遷善改過，則天下和平；「觀其所感，而天地萬物可見矣。」是歎感道之廣大，涵蓋了天地萬物，天地萬物以氣求相感相應，故觀其所感，則可見天地萬物之情。〔註52〕《周易本義》的解法與《正義》近似，並認爲此段《彖》文，極言「感應之理」。

　　由上可知，咸卦所談的「感」，是指現實世界中的一切感應，凡天地萬物之化生，與世間倫常之建立皆被涵攝在內。此「感」義，落在儒家的義理詮釋脈絡下，所重視的非僅止於感應之氣化流行，儒家所欲強調的，乃是有一感應之理遍在、周流於感應之中，現實世界中的一切存在，皆賴此感應之理而創生，而完成。因此，雙江在詮釋咸卦時，關注的也不是感應本身，而特

〔註50〕筆者認爲，關於道統源流的問題，乃宋明儒者的常用語，且與本文所欲討論的議題無直接關涉，故此處暫時不予深論。

〔註51〕見〈答何吉陽〉，《雙江聶先生文集》卷之九，頁431下。

〔註52〕《周易正義》：「『柔上而剛下，二氣感應以相與』者，此因上下二體釋咸亨之義也。艮剛而兌柔，若剛自在上，柔自在下，則不相交感，無由得通。今兌柔在上，而艮剛在下，是二氣感應以相授與，所以爲咸亨也。」，「『天地感而萬物化生』者，以下廣明感之義也。天地二氣，若不感應相與，則萬物無由得應化而生。」，「『聖人感人心而天下和平』者，聖人設教，感動人心，使變惡從善，然後天下和平。『觀其所感而天地萬物之情可見矣』者，結歎咸道之廣，大則包天地，小則該萬物。感物而動，謂之情也。天地萬物皆以氣類共相感應，故觀其所感，而天地萬物之情可見矣。」頁278～279。

重於感應之上的絕對本體，亦即「感應之體」，此「感應之體」乃形而上之理，非形而下之氣。

另外，在《繫辭・下》第五章首段中，針對咸卦九四爻辭作了義理闡揚，此段文字亦受到雙江重視，從雙江對此段作出的詮解中，可以對其「感應之體」的實際意涵，有更進一步的了解。《繫辭・下》第五章首段云：

> 《易》曰：「憧憧往來，朋從爾思。」子曰：「天下何思何慮？天下同歸而殊途，一致而百慮，天下何思何慮？日往則月來，月往則日來，日月相推而明生焉。寒往則暑來，暑往則寒來，寒暑相推而歲成焉。往者屈也，來者信也，屈信相感而利生焉。尺蠖之屈，以求信也。龍蛇之蟄，以存身也。精義入神，以致用也。利用安身，以崇德也。過此以往，未之或知也。窮神知化，德之盛也。」〔註53〕

此段是針對咸卦九四爻辭：「九四，貞吉悔亡，憧憧往來，朋從爾思。」所作出的義理發揮。綜合《周易正義》與《周易本義》的解法，此段所要表達的意思，大體上是，天下之理乃是自然而然，無所思慮的，雖然世間萬物形形色色，千差萬別，但實際上皆同歸於一理而已。同樣地，人所面對的事物十分繁雜，相應於繁雜的事物，人便產生繁雜的思慮，而雖然思慮繁雜，但實際上所要致得的卻仍是一理而已。因此，可以明白，天下之理只是自然，人唯自然接應便可達致其理，不需加添一分私心造作，更不需有思慮營欲的考量。

此段文中進一步舉出自然界的情況為例。首先，日月往來相推而生光明，寒暑往來相移而成年歲，往便是屈，來便是伸，日月寒暑便是通過一來一往，一屈一伸，而產生了律動。「往來」乃是自然界存在的自然律動，日月寒暑需賴「往來」之律動，才能生光明、成年歲。故屈伸的重點不在於取消「往來」，而在於「何思何慮」，即，不要以「憧憧」私心來感應，而是自然而然地去感應，該屈便屈，該伸便伸，屈伸自然相感，才能有利生焉。再者，尺蠖之屈，乃為了求伸之行動；龍蛇之蟄，乃為了求存之保養。尺蠖之屈伸，龍蛇之蟄存，皆是自然感應，不加思慮。相較於上言屈伸往來方能構成生命的律動，此處意在強調，欲動則須先靜，靜中才能有動的表現，靜動相須，才能有生生不已的活動循環。

此段最末轉至人事之上，討論聖人之德。按照《周易正義》的解法，「精

〔註53〕見《繫辭下傳》第五章。

義入神，以致用也。」是指，聖人用精萃微妙之義，入於神化，寂然不動，才能致其所用，故「精義入神」乃先靜，「致用」乃後動，動乃因靜而來。「利用安身，以崇德也。」是指，若欲利己之用，利益所用，則須先自安其身，不使己身役於思慮，身安而舉動，德才可以增益尊崇，故「利用安身」乃先靜，「崇德」乃後動，動亦由靜而來。「過此以往，未之或知也。」是指，精義入神以致用，利用安身以崇德，此兩者乃人理之極，除了此二者之外，餘皆微妙不可知。「窮神知化，德之盛也。」是指，若能窮究過此知往的微妙之神，則能知曉變化之道，如此便是聖人盛極之德。而按照《周易本義》的解法，此段是在言學，也就是談人進行修養工夫時，應精研其義以至於神化之境，此即屈之至，然後出則為致用之本，內則為崇德之資，內外交相養，互相發。下學之事，便應用力於此交養互發之機，此機以上，無所用力之處，而工夫圓熟之後，自能窮究事物之神妙，了解事物之變化，明白屈伸皆是自然感應之理。以上是《繫辭·下》第五章首段大體上的義理思想。

雙江詮解此段時道：

> 天下感應之機，捷於桴鼓影響，其何以思慮為哉？其可思慮者，惟歸與致耳，即爻言貞也。君子戒慎乎其所不睹，恐懼乎其所不聞，要其歸而貞。夫一，所以立感應之本也。過此以往，亦隨其神化之自然，感而應之，纖毫人力不得而與也，故曰：「未之或知」。觀之日月寒暑，尺蠖龍蛇，屈伸往來之機，自可見。〔註54〕

雙江認為，天下感應之機，如桴鼓影響般，相應迅速，相感迅捷，不能增添一毫思慮於其中，吾人唯一能夠思慮著力的，只在「歸致」，戒慎乎不睹，恐懼乎不聞，才能得貞得正，以立感應之本。隨修養工夫之圓熟神化，便能無思無慮，自然感應，在日月寒暑、尺蠖龍蛇屈伸往來之機處，皆可觀見此理。

可以明白，雙江看到現實世界中充滿了感應往來，瞬息萬變，吾人思慮無法窮勝感應，故不能即於感應來作工夫，亦不能以思慮作為工夫方法，吾人若要從事修養，則只能施「歸致」工夫，回到本體處，戒慎恐懼以立感應之本。此處所言的感應之本，便即是「感應之體」，感應之體立後，自然能產生順遂發用，現實世界中的一切往來，皆在感應之體的作用下，自然相感相應，不摻人私。

雙江接著說道：

〔註54〕見《繫辭·下》第五章。

入神便是無聲無臭；發而中節，便是利用安身；入神、利用，便是
神化，德之盛也。憧憧便是著思慮，而有心於感應者，故《象》曰：
「未光大」。此爻義須於貞字體貼。《傳》曰：「貞者，虛中無我。」
聖人感天下之心，如寒暑雨，無不通，無不應者，一貞而已。以量
而容，擇可而受，其去虛受之道，遠矣。〔註55〕

雙江認為「入神」是無聲臭，「利用安身」是發而中節，「入神」、「利用」便
是神化，便是盛德。「憧憧」則是思慮有為，以私心去接應往來，在如此感應
之下，所得到的只是朋黨，不能廣大普及於天下，故咸卦九四爻辭的關鍵當
在於「貞」〔註56〕。「貞」是無心無為，與「憧憧」是對反的概念，所謂「虛
中無我」，意便在點出「貞」乃自然感應，不加造作。而聖人之心之所以能感
於天下，即因其虛中無我，故能包容天下一切感應，這與朋黨感應出於思慮
計算，有範圍限制，是完全不同的情況。雙江言：「君子之道，虛中無我，以
體天地之撰，以通神明之德，以類萬物之情。」〔註57〕也正是此義。

雙江在此並沒有針對個別概念，給出明確的解釋，但若與其良知為體，
知覺為用，體用分言的架構相互參照來看的話，可以明白，「入神」乃就體言，
指本體工夫作至精熟境界；「利用安身」乃就用言，指本體確立後，順暢合理
地發用出來。若就工夫之前，體用實有區別而言，「入神」與「利用」有所不
同，不能混等；但就工夫之後，體用渾一，無體用可分而言，「入神」便是「利
用」，同是工夫圓熟神化之境，同是聖人之德的盛極展現。

並且，在前段文中，雙江主張要離開思慮，回到本體處，以立感應之體；
在此段文中，雙江主張要不著憧憧思慮，以貞為正。如此一來，寂體概念，
亦即感應之體，便與「虛中無我」關連起來，從中則可發現到，雙江觀念中

〔註55〕見〈辯神〉，《雙江聶先生文集》卷之十四，頁 586 下～587 上。
〔註56〕對此「貞」的意涵，雙江在此引用了依川語來作解釋。依川分析咸卦時云：「感
之道，貞正則悔亡，感不以正則有悔也。……貞者，虛中無我之謂也。……
『憧憧往來，朋從爾思』，夫貞一則所感無不通，若往來憧憧，然用其私心以
感物，則思之所及者有能感而動，所不及者不能感也，是其朋類則從其思也。」
（《伊川易傳‧艮》，轉引自韓曉華，〈程明道《定性書》中的修養工夫〉，香
港《人文月刊》第一五一期，2006 年 7 月。）另外，《近思錄》亦有記載道：
「聖人感天下之心，如寒暑雨暘無不通無不應者，亦貞而已矣。貞者，虛中
無我之謂也。若往來憧憧然，用其私心以感物，則心之所及者，有能感而動，
所不及者不能感也。以有系之私心，既主於一隅一事，豈能廓然無所不通乎？」
（見《近思錄》卷之二，〈為學〉第十條。）雙江說法大概源出於此。
〔註57〕見〈送王樗菴獻績之京序〉，《雙江聶先生文集》卷之四，頁 300 下。

的寂體意涵，便是脫離思慮安排、去除人私干擾之後，所自然呈現的虛寂之體，而雙江之所以用「虛寂」來稱述此「感應之體」的實際意涵，並非基於本體義上，指此體空無一物，空蕩虛玄，而是基於工夫義上，指此體自然而然，無絲毫造作。

綜上所言，雙江主張「良知本寂」，以「虛靈之寂體」來釋良知，意在突顯良知的本體身分，良知爲體，知覺爲用，二者之間有所區別。而所謂「虛寂」，並非指氣化上的虛空，而是指通過工夫修養後，本體所呈現的自然而然，無私心遮蔽。同時，也正因爲雙江以「寂體」來理解良知，故其主張的「致知」工夫，才會具有特殊的內涵，下章工夫論處將對此詳論。

第四節　良知者未發之中

一、良知乃未發之中

上文談論雙江反對以知覺爲良知的理論困難時，已經提到，雙江認爲：「良知者未發之中，備物敦化，不屬知覺。」〔註 58〕，據上文之分析，雙江乃藉由強調良知與知覺的不同，提高了良知作爲超越根據的本體身分。而實際上，雙江以「未發之中」釋良知，與其「良知本寂」的主張是相互呼應的。雙江云：

予之所謂內者，未發之中，而發斯外也。知發之爲外，則知以知覺爲良知者，非內也。〔註 59〕

虛靜便是未發之中，即《中庸》之不睹不聞也。〔註 60〕

《中庸》之意，似以未發之中爲本體，未發之中即不睹不聞之獨，天下之大本也。〔註 61〕

雙江認爲「未發之中」便是虛寂之體，並以內外、未發已發區別了良知與知覺，這種區分方式，實際上與寂感一般，同樣是體用上的區別。未發之中，乃是天命之性，是人之所以爲人的存在根據，也是天地萬物化成的原因，因此，「未發之中」非特指現實經驗下的時序義，而是強調超越層面上的本體義，

〔註 58〕見〈送王惟中歸泉州序〉，《雙江聶先生文集》卷之四，頁 296 下～上。
〔註 59〕見〈送王惟中歸泉州序〉，《雙江聶先生文集》卷之四，頁 296 下。
〔註 60〕見〈答陳履旋給社〉，《雙江聶先生文集》卷之九，頁 435 下。
〔註 61〕見〈答歐陽南野・三〉，《雙江聶先生文集》卷之八，頁 391 上。

雙江以此來釋良知，其用意與「良知本寂」的主張一樣，乃欲強調良知的本體意涵。對此，雙江云：

> 夫未發之中，非天命之性乎？人受天地之中以生，中即命，命即性也。子思述夫子之微言，以上遡夫堯舜精一之旨，戒慎不睹，恐懼不聞，允執之功也。〔註62〕

> 中者，何也？天地之心也，人得之而爲人之心。其未發也，五性具焉，天下之大本也。本立而天下之能事畢矣。〔註63〕

從這兩段話中，可以看到，雙江雖從陽明致知之教爲學，但其心性論的想法，實與孟子、陽明有所不同。孟子云：「盡其心者，知其性也；知其性，則知天矣。」〔註64〕陽明云：「吾心之良知，即所謂天理也。致吾心良知之天理於事事物物，則事事物物皆得其理矣。」〔註65〕陽明、孟子皆是由心出發，向上發展至天，亦即由心之主體出發，向上延展至天理之性體處。這種心性論的談法，直接點醒人內在的道德主體，人只要順本心之理而行，當下便能從現實活動中超拔而出，活出理的生命。反觀雙江，則先肯定有一「未發之中」，亦即「天命之性」存在，此性乃先天之形上之理，涵具萬理，無一不包，爲天地萬物存在之根據，生生之根源，凡一切存在物皆稟受此性而生，在此之下，人作爲一現實存有，乃稟受此性而生、而發情。可以發現，在雙江觀念中，若說人是一道德實踐主體，此非直接就人性本身便是道德主體而言，而是依據人稟受了此天命之性，故能實踐道德而立論，而相較於孟子、陽明強調主體義，雙江實則較爲強調性體義。因此，雙江以「未發之中」釋良知，實際上所欲彰顯的，便即是良知的性體義，或本體義。

然而，雙江本人似乎不察其與陽明之間的差異，而認爲自身以「未發之中」釋良知的想法，正與陽明相同。雙江云：

> 是非愚之見也，先師之見也。師云：「良知是未發之中，寂然太公的本體，便自能感而遂通，便自能物來順應。」又云：「袪除思慮，令此心光光地，便是未發之中，便是寂然不動，便是廓然太公。自然發而中節，自然感而遂通，自然物來順應。」又云：「有未發之中，

〔註62〕 見〈重修養正書院記〉，《雙江聶先生文集》卷之五，頁326下～327上。
〔註63〕 見〈復古書院記〉，《雙江聶先生文集》卷之五，頁328下～329上。
〔註64〕 見《孟子・盡心上》一。
〔註65〕 見〈答顧東橋書〉，《傳習錄》卷中，第一三五條。

便有發而中節之和。常人無發而中節之和，須是知他未發之中未能全得。」又云：「一是樹之根本，貫是樹枝萌芽，體用一原，體立而用自生。」此豈《錄》中長語哉，亦非先師創爲之也，子思子之意也。大本達道，敦化川流，遠近風自，顯見隱微，溥博時出之類，《中庸》言之屢矣。其標本、原委、工夫、體用、景象、效驗之不可混，居然可見。〔註66〕

雙江此處的想法與其「良知本寂」的主張，基本上並無不同，同樣是在強調體用區別之下，所產生的論述。在雙江觀念中，良知本身是未發之中，寂然不動之本體；良知之用，則是已發之和，感而遂通。此良知之體是每個人生來即俱有的，是人性中天生之稟賦，且良知之體與良知之用本是一源，本體確立之後，自然能有物來順應的中節發用。然而，雖然良知之體用一源，吾人在進行修養實，卻不能視已發爲未發，以爲中節之發用即是良知本身，而忽略作爲主宰的未發之中，才是眞正的良知本體。

值得考慮的是，雙江在此引用了《傳習錄》中的語句，試圖證明自己以「未發之中」釋良知的想法，實源自陽明，並且上承《中庸》。雙江這種論證方式，於文集中時常可見〔註67〕，然而筆者認爲，「未發之中」乃共通之概念，人人皆可使用，雙江不能基於陽明同樣言及「未發之中」，便判定自己的思想與陽明契合無背。因此，在下文中，筆者將回到義理本身，對《中庸》與《傳習錄》裡「未發之中」的意涵，提出一些討論，並根據這些討論，進一步分析雙江以「未發之中」釋良知的說法，是否得當。

二、「以未發之中釋良知」的義理意義

（一）《中庸》「未發之中」的意涵

首先談《中庸》「未發之中」的意涵。「未發之中」此一概念蓋出於《中庸》首章：

> 天命之謂性，率性之謂道，修道之謂教。道也者，不可須臾離也；可離，非道也。是故，君子戒愼乎其所不睹，恐懼乎其所不聞。莫

〔註66〕見〈答歐陽南野・三〉，《雙江聶先生文集》卷之八，頁391上。
〔註67〕例如，雙江云：「師云：『良知是未發之中，寂然太公的本體。』」又云：「記得先師云：『正心只是誠意工夫裡面，體當自家心體，常要鑑空橫平，這便是未發之中。』」（見〈答王龍溪〉，《雙江聶先生文集》卷之十一，頁488上～下。）

見乎隱，莫顯乎微，故君子慎其獨也。喜怒哀樂之未發，謂之中；發而中節，謂之和。中也者，天下之大本也；和也者，天下之達道也。致中和，天地位焉，萬物育焉。〔註68〕

「天命之謂性」，按照朱子的解法，命，令也；性，理也，此句是指，天道以陰陽五行之氣，化生萬物，萬物稟受此天道而生，自初生時，便有天道之理賦予其中，而人亦為天道所化生，故亦得天道之理以為人性。〔註69〕但在朱子的觀念中，理是不活動的，活動的是氣，理只是氣之活動的所以然依據，因此，朱子所理解的天道，便與《中庸》旨意所有不同。《中庸》談「至誠盡性」，惟至誠，方能盡人之本性；〔註70〕又以「於穆不已」來說天道深遠奧秘，惟「文王之德之純」方能將天道實踐出來，〔註71〕這樣來談的天道，不單是形而上的創生實體，是一切存在的超越根據，並且，天道本身便具有生生不已的活動性格，在人的實踐當下，便是天道天理的全幅展現，而經由肯定天道天理的具體展現，便賦予了人道德實踐的絕對價值。

「率性之謂教」，按照朱子的解法，率，循也；道，路也，此句是指，人物既稟天命以為性，因此人物只要依照其性而活動，則日用活動自有其理，此即是道。〔註72〕可以見到，朱子肯定了一切存在物的本然存在，乃皆合於道，只要各依其性，自能將天道之理展現出來。這種說法，是從理論上來講，乃欲點出人道德實踐之可著力處，而實際上，人若要使自身活動便是天道之呈現，仍待工夫修養之後，方能達成。因此，所謂的率性，並非自然的活動，而當是自覺的活動，經過人為的努力，才能讓天道具體呈現於生命中。

「修道之謂教」，按照朱子的解法，此句是在談聖人設教的問題。〔註73〕

〔註68〕見《中庸》第一章。

〔註69〕朱熹，《中庸章句集注》：「命，猶令也。性，即理也。天以陰陽五行化生萬物，氣以成形，而理亦賦焉，猶命令也。於是人物之生，因各得其所賦之理，以為健順五常之德，所謂性也。」

〔註70〕見《中庸》第二十二章：「唯天下至誠，為能盡其性；能盡其性，則能盡人之性；能盡人之性，則能盡物之性；能盡物之性，則可以贊天地之化育；可以贊天地之化育，則可以與天地參矣。」

〔註71〕見《中庸》第二十六章：「……詩云：『維天之命，於穆不已。』蓋曰天之所以為天也。『於乎不顯，文王之德之純。』蓋曰文王之所以為文也。純亦不已。」

〔註72〕朱熹，《中庸章句》：「率，循也。道，猶路也。人物各循其性之自然，則其日用事物之間，莫不各有當行之路，是則所謂道也。」

〔註73〕朱熹，《中庸章句》：「修，品節之也。性道雖同，而氣稟或異，故不能無過不及之差，聖人因人物之所當行者而品節之，以為法於天下，則謂之教，若禮、

前文已談到，雖然一切存在物皆稟受天道而生，但仍須經過實踐，方能使天道具體呈現。此處則觸及到更深微的問題，即，若是一切存在物理當皆是理的存在，那麼生命中爲何還存在著毛病，還須賴聖人設教以化成呢？針對此問題，朱子從氣質方面提出解答，正由於人有氣質之偏，有習氣之蔽，故生命中才會發生無法自然率性以行的情況，而禮樂教化之設立，目的正是爲了幫助人實現其本性，進而活出理的生命。

　　對形上之天道，以及對人實踐道德之情況，作出說明之後，《中庸》接著談的是戒愼恐懼的工夫。「道也者，不可須臾離也；可離，非道也。是故，君子戒愼乎其所不睹，恐懼乎其所不聞。」按照朱子的解法，道作爲一切存在物之超越根據，具有普遍性，不能離開任何經驗存有，也不能離卻任何現實情況，故說道不可須臾離也，若是道可離，則便與道本身的超越性及普遍性自相矛盾，如此一來，道體亦便落爲經驗之物，而不復能爲形上之根據。是故此超越之道體乃不睹不聞者，吾人雖然不能經由感官功能而對道體有所知識性認知，但面對此超越之道體，亦不能有絲毫輕慢，當時時刻刻以敬畏之心來用功，存天理之本然，不使生命片刻離道。〔註74〕

　　「莫見乎隱，莫顯乎微，故君子愼其獨也。」按照朱子的解法，見，現也；隱，暗處；微，細事；獨，人所不知而己獨知之地。此句是描述君子修養時的內心情況，主詞應就意念而言。當意念剛萌生之時，尚未發跡成爲行動，但已動於內心最爲幽暗之地，人皆未知，惟己獨知，此時所要施用的，乃是最精微的修養工夫，以戒愼恐懼的態度，仔細省察意念之私，革除人欲於將萌，務求意念之發皆爲眞誠無妄。〔註75〕

　　「喜怒哀樂之未發，謂之中；發而中節，謂之和。中也者，天下之大本也；和也者，天下之達道也。」，按照朱子的解法，未發指性體；中爲無所偏

樂、刑、政之屬是也。蓋人之所以爲人，道之所以爲道，聖人之所以爲教，原其所自，無一本於天而備於我。學者知之，則其於學知所用力而自不能已矣。故子思於此首發明之，讀者所宜深體而默識也。」

〔註74〕朱熹，《中庸章句》：「道者，日用事物當行之理，皆性之德而具於心，無物不有，無時不然，所以不可須臾離也。若其可離，則爲外物而非道矣。是以君子之心常存敬畏，雖不見聞，亦不敢忽，所以存天理之本然，而不使離於須臾之頃也。」

〔註75〕朱熹，《中庸章句》：「隱，暗處也。微，細事也。獨者，人所不知而己所獨知之地也。言幽暗之中，細微之事，跡雖未形而幾則已動，人雖不知而己獨知之，則是天下之事無有著見明顯而過於此者。是以君子既常戒懼，而於此尤加謹焉，所以遏人欲於將萌，而不使其滋長於隱微之中，以至離道之遠也。」

倚之義；發而中節，乃情發合理得其正，沒有悖謬，故謂之和。未發之中，即是天命之性，天下一切之理皆源出於此，故謂之大本；人依循其性而實踐，使天道發用出來，彰顯於生命之中，這是古今天下的共同活動，故謂之達道。〔註76〕「致中和，天地位焉，萬物育焉。」致，推而極之。使大本與達道充分在吾人生命中實踐出來，則天地萬物便由此各安其位，各遂其生，達到天地萬物與我同一的修養境界。〔註77〕

綜上所論，由於筆者在詮解《中庸》時，主要參考的是朱註，因此在義理詮釋上，或許會隨著朱子的詮釋，而有所偏向。然而，若同時參考楊祖漢老師對《中庸》所作的疏解〔註78〕，筆者認為，其中有幾項重點是可以相信的：第一，《中庸》所說的「天」，乃形上之道德實體，為現實存有的存在依據，本身具有生生不已的創造性，吾人在現實世界的道德行為中，便可體會到天理之活動。第二，《中庸》所說的「性」，乃人性中所稟賦之天理，為內在而固有者，但此人性之理非依自然本能可以呈顯，而須賴人為之努力，換言之，惟有通過工夫修養、道德實踐，方能活出理的生命。第三，《中庸》所說的「中」乃就超越之道體而言者，「未發」、「已發」則是就喜怒哀樂之情來說，若以「未發」來說「中」，則是工夫義下的說法，即人於未發之時，心情平靜處，施戒懼之功，則能體會到有一超越之道體呈顯於心。以上是筆者對於《中庸》「未發之中」的意涵所抱持的理解。

（二）《傳習錄》「未發之中」的意涵

對《中庸》「未發之中」的意涵有初步了解之後，接下來進至《傳習錄》裡對「未發之中」的討論。《傳習錄》中所要談的修養學問，主要集中在陽明

〔註76〕朱熹，《中庸章句》：「喜、怒、哀、樂，情也。其未發，則性也，無所偏倚，故謂之中。發皆中節，情之正也，無所乖戾，故謂之和。大本者，天命之性，天下之理皆由此出，道之體也。達道者，循性之謂，天下古今之所共由，道之用也。此言性情之德，以明道不可離之意。」

〔註77〕朱熹，《中庸章句》：「致，推而極之也。位者，安其所也。育者，遂其生也。自戒懼而約之，以至於至靜之中，無少偏倚，而其守不失，則極其中而天地位矣。自謹獨而精之，以至於應物之處，無少差謬，而無適不然，則極其和而萬物育矣。蓋天地萬物本吾一體，吾之心正，則天地之心亦正矣，吾之氣順，則天地之氣亦順矣。故其效驗至於如此。此學問之極功、聖人之能事，初非有待於外，而修道之教亦在其中矣。是其一體一用雖有動靜之殊，然必其體立而後用有以行，則其實亦非有兩事也。故於此合而言之，以結上文之意。」

〔註78〕參見楊祖漢老師，《中庸義理疏解》。

「致良知」一義上，「未發之中」的相關討論，並非其書核心要旨。然儘管如此，書中亦曾出現「良知即是未發之中」的說法，顯示了在陽明思想中，「未發之中」的意涵仍舊是個可以討論的議題。事實上，《傳習錄》中直接論及「未發之中」的條目並不多，但筆者認爲，從這些記載中，已經可以大致展現陽明對「未發之中」的看法。

關於陽明對「未發之中」的看法，《傳習錄》中有段詳細的記載：

> 來書云：良知，心之本體，即所謂性善也，未發之中也，寂然不動之體也，廓然大公也。何常人皆不能，而必待於學邪？中也，寂也，公也，既以屬心之體，則良知是矣。今驗之於心，知無不良；而中、寂、大公，實未有也。豈良知復超然於體用之外乎？性無不善，故知無不良。良知即是未發之中，即是廓然大公，寂然不動之本體，人人之所同具者也。但不能不昏蔽於物欲，故須學以去其昏蔽。然於良知之本體，初不能有加損於毫末也。知無不良，而中、寂、大公未能全者，是昏蔽之未盡去，而存之未純耳。體即良知之體，用即良知之用。寧復有超然於體用之外者乎？〔註79〕

此段是陽明與陸原靜的書信應答。陸原靜來書中提到，良知乃心之本體，亦是孟子所云性善，此性善良知，人人皆有，乃先天而固有者，不須依待後天的經驗學習才能獲得，並且，此性善良知即是未發之中，爲寂然不動、廓然大公之體。對於陸原靜的意見，陽明基本上也持相同看法，認爲良知即是未發之中，是寂然不動、廓然大公的本體，爲人人所同俱，且不能超離於體用之外。並且，陽明也進一步談到工夫修養之事上，認爲良知本身雖然是純然善者，但的確有受物欲遮蔽的可能，因此吾人當「去其昏蔽」，以存良知之純。而在陽明，所謂「去蔽」的工夫，並非離開倫常日用，懸空把持一個良知本體來做工夫；相反地，良知之體惟在用上顯，工夫亦只能即於倫常日用來做。對此，陽明曾與雙江有「勿忘勿助」的討論，陽明並以「空鍋放火」爲喻，說明工夫當須用在「必有事焉」上。

筆者認爲，從這段言論中，可以見到陽明對「未發之中」基本抱持的想法。陽明言良知即是未發之中，此語並非著重在從超越道體處出發，基於超越道體落在現實人性上來立論，以強調良知的超越性與主宰力量。相反地，陽明是從內在主體處出發，由理想人性拔超至超越道體上來立論，強調人在

〔註79〕見〈答陸原靜書・又〉，《傳習錄》卷中，第一五五條。

道德實踐活動之當下所呈現之本心，便是未發之本體，如此一來，一方面說明了良知具有先天性與普遍性，另一方面也藉此肯定了良知的主體活動性。並且，陽明言良知即是未發之中，既然是從主體實踐處來立論，故良知之用的當下，便即是良知之體的呈顯；良知之體的活動，便即是良知之用的表現，良知無法成爲一個離開體用之外的孤懸本體。而良知之爲中、爲寂、爲大公，亦正是在即體即用的主體實踐下，表現出來。關於即體即用的想法，陽明亦云：

> 不可謂未發之中常人俱有。蓋體用一源。有是體，即有是用。有未發之中，即有發而皆中節之和。今人未能有發而皆中節之和。須知是他未發之中亦未能全得。〔註80〕

有未發之中，理當便有發而中節之和，可知未發之中並非靜止的本體，而是具有活動性的本體。在未發之中的主體活動下，便能生發創造發而中節的道德實踐，在此之下，即體即用，體用之間無絲毫隔礙。然而，若觀人生現實，卻時常出現發而不中節的情況，陽明認爲，這便是未發之中「未能全得」所造成的問題，故此間尚待工夫修養，才能到達有是體即有是用的暢通境界：

可以明白，當陽明說道未發之中即良知時，並非強調其已發未發之區別性，而是強調其無分前後內外，寂感動靜，渾然一體的，未發之中即在已發中存，未發之中別無它在。陽明云：

> 未發之中，即良知也，無前後內外，而渾然一體者也。有事無事，可以言動靜，而良知無分於有事無事也。寂然感通，可以言動靜，而良知無分於寂然感通也。動靜者，所遇之時。心之本體，固無分於動靜也。〔註81〕

在這段敘述中，陽明區分了動靜與本體的不同。動靜乃所遇之時，此是就現實經驗中的時間次序而言，人隨著活動之狀態，「有事」、「感通」爲動之時，「無事」、「寂然」爲靜之時，動時靜時相對存在，動與靜具有分別。而未發之中即良知，即心之本體，此是就超越之本體身分而言，並非就落在現實經驗中的時序義而言，因此，良知固有發用活動，但良知本體的活動卻不能用相對之動靜來加以區分，良知本體的活動乃即體即用，無分有事無事，亦無分寂然感通。又云：

〔註80〕見〈陸澄錄〉，《傳習錄》卷上，第四五條。
〔註81〕見〈答陸原靜書・又〉，《傳習錄》卷中，第一五七條。

理無動者也，動即爲欲。循理則雖酬酢萬變，而未嘗動也。從欲則雖槁心一念，而未嘗靜也。動中有靜，靜中有動，又何疑乎？有事而感通，固可以言動，然而寂然者未嘗有增也。無事而寂然，固可以言靜，然而感通者未嘗有減也。動而無動，靜而無靜，又何疑乎？無前後內外，而渾然一體，則至誠有息之疑，不待解矣。未發在已發之中，而已發之中，未嘗別有未發者在。已發在未發之中，而未發之中，未嘗別有已發者存。是未嘗無動靜，而不可以動靜分者也。

〔註82〕

陽明主張心即理，此心之發用便是天理之呈顯，故此心體乃即存有即活動者，基於此論，可以明白，陽明所云：「理無動者也」，應當非在取消心體的活動性，而是在說明心體的活動不同於現實經驗的活動。一般而言，現實經驗的活動，一定落在時空中來表象，於動時有動相，於靜時有靜相；相反地，心體的活動屬於超越層面的活動，固然心體的活動會落在現實經驗中來表現，但就其本體的身分而言，其活動並不能以現實經驗的動靜之時來涵蓋，亦不能以現實經驗的動靜之相來表達，故說「理無動者」，而句中之「動」並非言本體活動，而是指現實經驗活動。然而，若再進一步論，雖然本體的活動並不能以現實經驗的相對動靜來稱述，但畢竟本體的活動亦不能離開現實經驗而憑空發用，換言之，人的道德活動，正是在倫常日用中，擺脫形氣之私以實踐，故事實上心體的活動，若就其落在現實經驗中來發用而言，亦當有「動」之表現。

然而，陽明言「理無動者」、「動則爲欲」，下文又續談「動中有靜，靜中有動」、「動而無靜，靜而無動」，綜合觀之，筆者認爲，此處所談之「動」，既非現實經驗活動，亦非心體落在現實經驗中的發用活動，而是特指動於「欲」，即人心私欲。所謂「理無動者」，一方面是在本體義下，說明心體本身超越無染的性格。對此，陽明以「動而無靜，靜而無動」來表達。陽明云：「有事而感通，固可以言動，然而寂然者未嘗有增也。無事而寂然，固可以言靜，然而感通者未嘗有減也。動而無動，靜而無靜，又何疑乎？」良知心體在「有事」之時，感物而動，由於其「動」畢竟具有活動表現，是故可以言「動」，但超越的心體本身，乃一理想之存在，其自身爲無缺而自足者，故其「動」對於其心體本身並不能有所增多。而心體在「無事」之時，寂然不

〔註82〕見〈答陸原靜書‧又〉，《傳習錄》卷中，第一五七條。

動，因無事可供表現，是故可以言「靜」，但同樣地，其「靜」對於其心體本身亦不能有所減損。故云「動而無靜，靜而無動」，意在於強調良知的本體意涵。

而另一方面，則是在工夫義下，要求吾人進行修養，使人生一切行為，皆無摻人私，純然依乎天理而實踐，而這也正是「存天理，去人欲」的工夫。對此，陽明以「動中有靜，靜中有動」來表達。陽明云：「循理則雖酬酢萬變，而未嘗動也。從欲則雖槁心一念，而未嘗靜也。動中有靜，靜中有動，又何疑乎？」人若循理而為，雖應對萬事萬物，卻未嘗有「動」，因其無雜人私，純然依循良知所發之天理而為。而相反地，人若從欲而為，雖使心念枯槁，卻仍是有「動」，因其發心動念已雜染人私，非循天理。故云「動中有靜，靜中有動」，意在於強調修養實踐時所具之存心的工夫意涵。由此可知，陽明對於「動」與「無動」的討論，不僅是從本體論的角度，來探討良知心體的活動是否可言「動」；陽明更將此討論關連至修養之工夫上，並由省察實踐之存心是依循天理，抑或隨順私欲，從而確立天理之絕對價值，陽明亦認為，此工夫意涵正與《中庸》「至誠無息」〔註83〕相互為應。

釐清「動」與「無動」的意涵之後，陽明回到「已發」與「未發」的討論。陽明云：「未發在已發之中，而已發之中，未嘗別有未發者在。已發在未發之中，而未發之中，未嘗別有已發者存。是未嘗無動靜，而不可以動靜分者也。」前已云，陽明對「動」「靜」的討論，主要是落在實踐修養之事上來論，此處將「未發」「已發」與「動」「靜」合併而論，可以見到，陽明對於「未發」「已發」的討論亦是針對工夫而言，而此工夫意涵，正是指「即體即用」的「致知」工夫。唐君毅先生對此有很好的說明：

> 此中之意念之已發未發雖不同，而可說為二，然未發時之工夫與已發時之工夫，則不只為先後之二工夫，而實亦相貫為一工夫。其所以得相貫，要在一切已發時之工夫，其自身乃原由未發而發，既發而還歸未發；正如吾人上所謂良知之天理之是是非非之用，恆還歸于無是無非。故已發時之工夫，即亦可謂為原自未發，又還歸于未發之工夫。又此未發之工夫，自其為工夫言，亦未發而未嘗不發。

〔註83〕見《中庸》第二十六章：「故至誠無息，不息則久，久則徵，徵則悠遠，悠遠則博厚，博厚則高明。博厚所以載物也。高明所以覆物也。悠久所以成物也。博厚配地，高明配天。悠久無疆。如此者，不見而章，不動而變，無為而成。……」

此未發之工夫，不外此良知之體之自存養，亦即不外此體之自存而自用，而人即可由此以見此體上原有此用。已發之工夫則爲此良知之體，更顯此用於省察，而于此省察中自見其體者。人即可由此以見其用中之即具此體。〔註84〕

依照唐先生的理解，從析言的角度來說，「未發」時可有存養之功，「已發」時可有省察之功，就工夫之內涵不同而言，實爲兩項工夫。然而，這兩項工夫並非可以截然斷開，亦非必須區分先後，這兩項工夫乃存在同一個工夫之循環中，「已發」時工夫，源由於「未發」時工夫；「未發」時工夫，亦在「已發」時工夫中顯用。因此，從整體的角度來說，「未發」、「已發」時皆乃同一個工夫，且無能有「未發」「已發」時之區別。此即陽明「即體即用」的工夫論旨。

基於此，陽明面對所謂「求未發之中」的工夫，便認爲只是一時方便法門，並非究竟工夫。陽明云：

> 問：「伊川謂『不當於喜怒哀樂未發之前求中』。延平卻教學者看未發之前氣象。何如？」先生曰：「皆是也。伊川恐人於未發前討箇中，把中做一物看。如吾向所謂認氣定時做中。故令只於涵養省察上用功。延平恐人未便有下手處，故令人時時刻刻求未發前氣象。使人正目而視惟此，傾耳而聽惟此。即是『戒愼不睹。恐懼不聞』的工夫。皆古人不得已誘人之言也。」〔註85〕

有人問陽明，伊川主張「不當於喜怒哀樂未發之前求中」，而延平卻主張「看未發之前氣象」，二人的說法何以似有牴觸？陽明認爲，「中」非現實世界中的經驗之物，非氣化情感之屬，吾人不能即於喜怒哀樂未發之前，在氣定的心境狀態下，求得一個實在的、具體的「中」執以爲體，因此伊川所言，便是要提醒此義，延平則擔心學者用功，初無下手著力處，故要學者觀聽未發之前氣象，而實際上是爲「古人不得已誘人之言」。由此可知，在陽明看來，「求未發前氣象」，只是初學下手處，並非究竟工夫。又云：

> 問：「寧靜存心時，可爲未發之中否？」先生曰：「今人存心，只定得氣。當其寧靜時，亦只是氣寧靜。不可以爲未發之中。」曰：「未便是中。莫亦是求中功夫？」曰：「只要去人欲，存天理，方是功夫。靜時念念去人欲，存天理。動時念念去人欲，存天理。不管寧靜不

〔註84〕見唐君毅，《中國哲學原論・原教篇》，頁319。
〔註85〕見〈陸澄錄〉，《傳習錄》卷上，第七五條。

寧靜。若靠那寧靜，不惟漸有喜靜厭動之弊。中間許多病痛，只是
潛伏在。終不能絕去。遇事依舊滋長。以循理爲生，何嘗不寧靜？
以寧靜爲主，未必能循理」〔註86〕

此處亦表明氣定寧靜並非是求未發之中的工夫，如果工夫惟用在氣定寧靜
處，只是暫時壓制生命中的習氣病痛，但未能盡除，只要一遇事，病痛依舊
滋長，吾人依舊無法循理而行，故若只就氣上、情上來求未發之中，便患有
離動偏靜、喜靜厭動的毛病，並非眞正存天理、去人欲的工夫。而在陽明的
想法中，所謂的「求中功夫」的確是可以講的，同時「求中功夫」也正即是
存天理、去人欲的工夫，但「求中功夫」的前提在於，工夫無分於「未發」「已
發」，無分於「有事」「無事」，無分於「寂」「感」，同時也無分於「體」「用」，
可以發現，陽明是把「求中功夫」與其揭舉的「致良知」關連而論的。

　　綜上所論，陽明雖然也談「未發之中」，認爲良知即是未發之中，但跟《中
庸》「未發之中」的意涵有些不同。在《中庸》處，「未發之中」強調的是道
體的超越身分，「未發」則是喜怒哀樂之情未發之時態，故「求中」工夫是指
人於情緒未發之時，戒愼恐懼，以體會超越之道體呈顯於心。在陽明處，「未
發之中」強調的是主體的活動性格，因此，陽明的重心不由「已發」「未發」、
「動」「靜」之分判中來顯體，而是從主體實踐處來立論，強調「未發」在「已
發」上求，肯定吾人在道德實踐活動之當下所呈現之本心，便是未發之本體，
如此一來，陽明對於「未發之中」的討論，實被收攝在其「致良知」一論中，
故在陽明義理系統中，工夫只須講「致良知」即可，而「未發之中」的相關
討論，並非核心要旨。

　　反觀雙江的說法，雙江以「未發之中」釋良知，意欲突顯良知作爲一超
越根據的本體身分，實較近於《中庸》的說法，而離陽明論旨較遠。然而，
雖然陽明重視的是良知即體即用的活動性格，但強調良知的超越身分，在陽
明義理系統下，亦是可有之論，因此，雙江說法是否能容納於陽明學的脈絡
中，關鍵非在良知的本體論論述，而當在工夫論論述。換言之，雙江以「未
發之中」釋良知的說法，在本體論的階段，事實上並未完全背離陽明，然而，
擴展至工夫論時，便有偏離的可能。因此，若要討論雙江說法是否能容納於
陽明學的脈絡中，便須考慮雙江「求未發之中」的工夫，是否會因受限於良
知本體與意念發用的區別分判，而無法開展出陽明講求的即體即用的致知工

〔註86〕見〈陸澄錄〉，《傳習錄》卷上，第二八條。

夫，甚至亦將導致其自身所言的歸寂工夫落空？抑或，雙江是否可以順著體用區分的思路，進而發展出不同於陽明致知工夫的另一種工夫形態，亦即其自身所言的歸寂工夫？針對這些問題，將在下章進行深入討論。

第五節　雙江對心的理解

　　承上所論，雙江嚴分良知與知覺的區別，主張「良知本寂」，並以「未發之中」釋良知，可知雙江重視的是良知的超越性，此超越之良知本體，乃純粹至善者，不與現實知覺相雜，換言之，在本體論的階段，雙江強調的是良知的本體意涵，而非心體意涵。然而，在陽明「心即理」的義理系統下，「吾心之良知，即所謂天理也。」〔註87〕吾心良知覺照之所在，便是天理之所在，當下便能給出沛然不容已的實踐動力，故陽明良知具有心體意涵，並由此良知之心體意涵，保住了道德實踐的普遍性與必然性。反觀雙江不重良知的心體意涵，而重良知的本體意涵，似與陽明不切，因此，若要對雙江的良知觀有全面的掌握，除了直接討論雙江對「良知」的理解，亦須討論雙江對「心」的理解，而若要討論雙江對心的理解，筆者認為，可以從雙江對「道心」、「人心」的理解來切入探討。

　　宋明理學對於「道心」、「人心」的討論，源於《尚書‧大禹謨》：「人心惟危，道心惟危，惟精惟一，允執厥中。」一句，此句話原初是在政治文化的脈絡下來立論，到了宋明理學的學術階段，發展為哲學思辨上的主要議題，各家學者分別就其自身學問立場，對「道心」、「人心」加以詮解，故藉由考察各家學者的詮解，便能掌握各家學者的思想大要。前已論及，雙江觀念中的「中」，亦即「未發之中」，乃天命之性，是人之所以為人的存在根據，也是天地萬物化成的原因，人稟受此天命之性而生，故能實踐道德。然而，「未發之中」就其超越身分而言，固然是純粹的，完善的，沒有汙損的，但當「未發之中」下貫于人之上，通過人現實存有之身分表現出來，便會摻雜人私，而有受染、污損的可能，故就「未發之中」通過人來表現的情況而言，便產生了「道心」、「人心」的區分問題。

　　雙江文集中有一段對話，很能表現出其關於「道心」、「人心」區分的想法。問曰：

〔註87〕見〈答顧東橋書〉，《傳習錄》卷中，第一三五條。

書曰：「人心惟危，道心惟微。」夫血氣心知之性，皆屬人心。若日
用應酬，此為主宰，則道心安。若血氣心知，盡皆斷除，則又近於
枯槁，而道心或幾乎息矣。〔註88〕

此段文字中，問者對於「道心」、「人心」的規定是，「人心」包含了血氣之性
與心知之性；而「道心」則就日用應酬中有主宰而言。可以發現，這樣的說
法實際上並不清晰，若依照筆者的推測，問者可能認為，「性」有血氣之性與
心知之性的分別，然從「同為人所具有」此一意義上而言，皆為「人心」；「道
心」則是就「人心」中有所主宰，以作為日用應酬之根據來說，而若日用應
酬中有主宰，則「道心安」。此處所言的「道心安」，義甚不明，因為既為「道
心」，則必然已「安」，若說「道心安」，便會產生「道心」未「安」之疑慮，
與「道心」本身的定義不合。換言之，「道心」的問題應當在於考慮日用應酬
中是否有所主宰，並非在於考慮「道心」能「安」與否。然而，雖然「道心
安」一句意義並不清晰，但問者所關心的問題還是值得思考，即，「道心」、「人
心」雖有區別，但同時也具有密不可分的關係，若工夫專用在去除血氣心知，
亦即專用在去除「人心」，那麼便會使「道心」也隨之除滅，而使心完全歸於
止息，如此一來，工夫便有枯槁的問題。

　　顯然地，此一提問乃針對雙江歸寂思想而發。由於雙江反對以知覺為良
知，主張以虛靈寂體、未發之中來釋良知，似乎只關注於超越之性體，而忽
略了、甚至貶抑了活動之主體，然陽明心學系統講求的正是主體自主地、自
發地給出實踐動力，並從當下的實踐活動中彰顯道德價值，相較之下，雙江
言歸寂，似乎便有著離動偏靜、枯槁其心的問題。面對此一詰難，雙江答云：

文公以生於形器之私者為人心，原於性命之正者為道心，識者謂其
分別太過。蓋人心、道心原非犁然兩派出來，但形氣之得其正處，
便是道心；性命之失其正處，便是人心。除卻血氣心知，又安有所
謂道心在乎？中是心之本體，虛寂是也。有未發之中，即有發而中
節之和，和即道心也。天理流行，自然中節，動以天也，故曰微。
人心云者，只是纖毫不從天理自然發出，而稍涉思慮營欲，便是動
以人，動以人便是妄，故曰危。乍見皆有者，道心也；納交要譽，
則人矣。〔註89〕

〔註88〕見〈答陳履旋給捨〉，《雙江聶先生文集》卷之九，頁435上。
〔註89〕見〈答陳履旋給捨〉，《雙江聶先生文集》卷之九，頁435上～下。

在此段敘述中，雙江批評了朱子「道心」、「人心」的說法，故在釐清雙江「道心」、「人心」的想法之前，必須先對朱子的想法，作出簡單說明。朱子云：

> 心之虛靈知覺，一而已矣，而以為有人心、道心之異者，則以其或生於形氣之私，或原於性命之正，而所以為知覺者不同，是以或危殆而不安，或微妙而難見耳。〔註90〕

在朱子觀念中，心是虛靈知覺，「道心」、「人心」皆是虛靈知覺的作用，故「一而已矣」，非有二心。之所以有「道心」、「人心」之異，乃因心的知覺作用有所不同，若心用在性理上，「原於性命之正」，即為「道心」；若心用在形氣上，「生於形氣之私」，即為「人心」。且「人心」不盡然等同於「人欲」，「人心」只是生理欲望的要求，生理欲望的要求並非不好，只是必須在禮義的規範下，使生理欲望的要求可以適當地被滿足，〔註91〕亦即讓道心作主，人心聽命，這是一種在心上要求純正的修養工夫。

可以明白，在朱子，活動者是氣，性理乃不活動者，而心雖為虛靈知覺，卻仍屬氣，不是理，因此，心若依理而發，便為「道心」；心若依氣而發，便為「人心」。「道心」、「人心」為心發用的兩種可能，並且，若是「道心」，便非「人心」；若是「人心」，便非「道心」，「道心」、「人心」並不是可以並存的兩種心的狀態。當然，朱子的確強調人只有一個心，「道心」、「人心」並非兩個心，而是從「原於性命之正」與「生於形氣之私」來談區分，但當朱子如此陳述時，便令人產生「道心、「人心」割裂為二的疑慮。〔註92〕

雙江注意到此種問題，故批評朱子「分別太過」。雙江認為，「人心、道心原非判然兩派出來，但形氣之得其正處，便是道心；性命之失其正處，便是人心。」若與朱子「或生於形氣之私，或原於性命之正」的說法相比，雙江不將

〔註90〕見朱熹，〈中庸章句序〉。

〔註91〕朱子云：「道心是知覺得道理底，人心是知覺得聲色臭味底，人心不全是不好，若人心是全不好底，不應只下箇『危』字。蓋為人心易得走從惡處去，所以下箇『危』字。若全不好，則是都倒了，何止於危？……若說道心天理，人心人欲，卻是有兩箇心，人只有一箇心，但知覺得道理底是道心，知覺得聲色臭味底是人心，不爭得多。『人心，人欲也。』此語有病，雖上智不能無此，豈可謂全不是？陸子靜亦以此語人。非有兩箇心，道、人心本只是一箇物事，但所知覺不同。」見《朱子語類》，卷七十八。

〔註92〕關於朱子道心、人心的問題，楊祖漢老師已有相當深入且周密的辨析，筆者此處說法，均參考自楊老師的意見。詳細論述，請參見《從當代儒學觀點看韓國儒學的重要論爭》，頁219～226、頁329～335、頁369～377等部分。

性理與私欲俱看作是外在於心，可供心任意擇取的對象，而是將性理與私欲一同收攝在心上，「道心」、「人心」的區別，是從能不能「得其正」來立論；而「得其正」，則是由不雜思慮營欲，自然從天理發出來立論。換言之，在雙江，「道心」、「人心」實皆一心，若心能恢復其天理自然，便為「道心」；若心稍涉思慮營欲，便為「人心」。因此，「道心」、「人心」只是一心之升降，一心之真偽。

可以發現，雙江對「道心」、「人心」的理解，並不同於朱子，其相異之關鍵點，應當在於心。朱子的心乃氣心，心當去具理、認知理，本身並非理，因此，心便有依理而發或依氣而發的可能，在此之下，心是否能依理而發，並不能得到保證。而在雙江，「道心」、「人心」並非心呈現的兩種可能，「道心」乃心之本然，「人心」則為思慮營欲，因此，雙江觀念中的「道心」較像是心之本體，亦即本心，其本身便是理之所在，故工夫不在往外求理，而在於心上用功，使心恢復其本然面目，亦即「道心」之狀態。可以發現，雙江此種說法，實較近於陽明。

關於陽明對「道心」、「人心」的理解，《傳習錄》記載道：

> 愛問：「『道心常為一身之主，而人心每聽命』。以先生精一之訓推之，此語似有弊。」先生曰：「然。心一也。未雜於人謂之道心，雜以人偽謂之人心。人心之得其正者即道心，道心之失其正者即人心。初非有二心也。程子謂人心即人欲，道心即天理。語若分析，而意實得之。今曰『道心為生，而人心聽命』，是二心也。天理人欲不並立。安有天理為主，人欲又從而聽命者？」〔註93〕

徐愛提出的「道心常為一身之主，而人心每聽命」，乃是朱子之言，在此句話中，「道心」、「人心」對舉而言，以「道心」克制「人心」，固然意在要求心的純化，但予人二心之感。而陽明則是由有無雜以人偽來區別「道心」、「人心」，「道心」是無雜以人的心，亦即心之本然；而「人心」則是雜以人的心，亦即受遮蔽之心。心只是一，就其本然與遮蔽兩種狀態的不同，才有不同的區分。故「人心」若「得其正」，顯其心之本然，便是「道心」；「道心」若「失其正」，使心之本然受到遮蔽，則是「人心」。「道心」、「人心」初非為二，工夫惟在心上去私，使心維持其本然樣貌。可以發現，雙江對「道心」、「人心」的理解，的確與陽明較為接近，而進一步也可明白，雙江對心的掌握，亦近陽明，而遠朱子，雙江認為，「道心」乃心之本然，亦即心之本體，「人心」則為心體之受蔽，這是

〔註93〕見〈徐愛錄〉，《傳習錄》卷上，第十條。

心即理系統下才能開出的說法。

除了直接探討「道心」、「人心」的意涵之外，雙江亦由「中」、「和」來切入討論。雙江云：「中是心之本體，虛寂是也。有未發之中，即有發而中節之和，和即道心也。」在其觀念中，「中」乃就超越性體而言，即虛靈寂體、未發之中者；〔註94〕而「和」乃就超越性體通過活動主體來表現而言，爲吾人得「中」之後自有之成果、效驗。在這當中，「和」與「道心」就其發而中節的意義而言，皆爲一者，然若仔細分辨，「和」乃關連於「中」而言，指實踐主體得「中」之後，自能有無不中節的合理發用；「道心」則關連於實踐主體而言，指實踐主體得「中」而能有良好的表現。「和」與「道心」意義雖近，仍有細微差別。一般而言，在道德實踐的理想情況中，「中」能適當地通過人之現實存有的身分發用出來，而人的形氣自然便能有恰當合理的表現，這便是「和」，也是「道心」。然而，在道德實踐的實際情況中，「中」往往無法適當地通過人發用出來，故人的形氣亦往往不能有合理的表現，無法發而爲「道心」，而發而爲「人心」。

若仔細比較，雙江由「中」、「和」來切入討論「道心」、「人心」時，所顯示的義理意義，與前文微有不同。前論雙江觀念中的「道心」，較近於陽明良知本心，「道心」乃心之本然，亦即心之本體。然若參以「中」、「和」來考慮，則發現「中」才是未發之中體，「道心」、「人心」皆就已發來說，亦即通過人心之表現來說，「道心」爲形氣得其正的表現，「人心」爲形氣失其正的表現。換言之，當論及「道心」、「人心」時，除了考慮心之本體作爲形氣主宰的根據義，亦須考慮活動主體的表現義，然而在「中」處，渾是就體而言，便無須考慮活動主體的表現問題。

由此可明白，雙江對心的理解，實相當特殊，既不同於陽明由良知本心來掌握，亦不同於朱子由虛明靈覺來掌握，而有其自身的想法。至於雙江對心的理解究竟爲何呢？筆者認爲，當雙江論及「心」此一概念時，所代表的並非孟子「本心」，亦非陽明「良知心」，而是特就「形氣」而言者，指人以其現實存有之身分，所具備的「心」。換言之，雙江談「心」，一方面標舉主體實踐道德的內在根據，另一方面則突顯主體實踐道德的氣化限制。若回顧前文討論可以發現，雙江嚴辨寂感、未發已發，守住體用區分，及包括此處以「形氣」來說「心」等，這些想法，實際上皆出於同一考量，即雙江注意到，人爲一現實之

〔註94〕關於雙江觀念中「虛靈寂體」、「未發之中」的義理意義，已於前文作出說明，此處不再詳敘。

存有，處在經驗氣化之中，既如此，則自人初生時便具有「形氣」之表象，縱使人亦具有衝破現實的理想，與實踐道德的能力，但人終其一生，畢竟無法解脫形氣血肉之軀，由此而言，人乃是一「有限」者。然而，人欲求致得的道體，是爲人存在之根據本體，就體的身分而言，是爲一「無限」者。如此一來，「有限」與「無限」之間，從根本上便存在著體用之異層差異，既爲異層差異，主體與道體之間，似便有著一道遙不可及、深不可測的鴻溝，無法跨越。

　　然而，雖然人無法解脫形氣的限制，此爲命限，但儒家關注的是，人亦普遍地表現出一種道德性格，依此道德性格，人能思、能感、能行，能於視聽言動之上，尋求一理的價值。人既有此道德性格與道德實踐能力，則逼顯出人必須肯定自己身上有一充分保證、並開啓道德實踐的內在根據。而在雙江，雖然並非由本心良知直截地來把握此內在根據，但雙江通過肯定有一超越之性體可作爲活動主體之主宰，亦進而能肯定內在於人之「道心」，實具有處在體用之間的特殊地位，和特殊作用。此「道心」爲主體所具，是爲有限者；此「道心」又能以性體作爲主宰，是爲無限者，因此，此「道心」乃可上可下者，爲主體與性體之間的中介關鍵，亦爲主體能夠實踐道德，能夠活出理想生命的充分根據。

　　若再進一步討論，筆者認爲，雙江之所以作出「道心」、「人心」之區分，亦正可保住此「道心」的特殊地位與作用。「道心」、「人心」皆爲「心」，而「心」本身便包含了形氣之表象，與道德實踐之根據，故若要發而爲「道心」，並不能解消形氣，「道心」乃形氣得其正者；而若在發而爲「人心」處，亦並不喪失實踐之根據，「人心」只是形氣失其正者。換言之，「道心」、「人心」之區分，並非是從本質上將「心」區分爲二，一爲「道心」，一爲「人心」，兩者從根源上便存在歧異；相反地，雙江談「道心」、「人心」之區分，乃是工夫論的脈絡下所發之論，「道心」、「人心」皆是「心」，二者之不同，並非本質上有所不同，而是就得正或失正，亦即由用功之有無上來點明二者之不同。若吾人用功，則能使「心」呈顯爲「道心」；若無用功，則「心」便呈顯爲「人心」，如此一來，「道心」、「人心」之區分，乃工夫義下之區分。並且，雙江通過此種區分方式，點出一條用功於「心」上的本質工夫，即吾人當用功於心之呈露處，使「心」之所發自然中節，純乎天理，無雜思慮，而這樣的工夫主張，實際上正是雙江歸寂說所要談的工夫內涵。

第三章　雙江的工夫論

在對雙江良知觀有初步理解後，本章將進至工夫論層面，討論雙江歸寂工夫的實際意涵。本章將分為三部分進行討論：首先，筆者將說明雙江反對即於知覺處用功的基本工夫立場。其次，筆者將說明雙江如何以「歸寂」思想來理解陽明「致知格物」的工夫主張，並分析雙江與陽明工夫論旨的同異問題。最後，在對雙江工夫主張有大體把握之後，筆者將正式進入本文核心論述，探究歸寂工夫的實際意涵。

第一節　基本立場：反對即於知覺處用功

一、致知工夫不同於見聞學習

雙江認為，陽明揭舉的致知工夫，並不同於見聞薰習，並且，陽明之所以倡明致知之教，亦正在於對治學者鑽研見聞之弊。雙江云：

> 三代以後之學，只是從知能聞見上鑽研，流而為考索詁訓，誤了天下多少好資質的人，而聖學之荒蕪，非一日也。故先生提出良知二字，將謂人性中，萬物具備，無所不知，無所不能，惟反而求之，以充滿其本體之量，則天下之能事畢矣，非徒矯弊，亦真實語。〔註1〕

> 後世不知求中於未發，而即事以求乎中。卜度擬量，密陷於義外之襲而不自知，流而為五霸之假，又流而為記誦詞章之俗，於是有五霸之辨，俗學正學之分。〔註2〕

〔註1〕見〈答戴伯常〉，《雙江聶先生文集》卷之十，頁454上。
〔註2〕見〈重修養正書院記〉，《雙江聶先生文集》卷之五，頁327上。

雙江區分了聞見學習與致知工夫的差別，在其觀念中，聞見學習乃是知識上的鑽研，如考索訓詁、詞章記誦之類，這與儒家的聖賢之學並不相同。儒家聖學乃是實踐的學問，實踐賴於工夫修養，而非依靠知識學習，陽明提出致知，正欲糾正此誤。吾人惟有回到生命內部，反身逆覺以求良知，良知呈顯，發而爲理，才能盡天下一切之能事。筆者認爲，由此可以看出雙江兩個想法：

首先，雙江區別了認知與實踐的不同。見聞學習乃是一種認知學習，所需要的是認知能力，即一種知識建構的能力，不是道德實踐的能力。而在儒家內聖之學的系統中，所要體現的「理」，並非是一認知的對象，而是必須以生命活動去實現、創生出來的天理天道，因此，雖然認知能力可以幫助道德實踐，但那只是對「理」的內容有更多的認知，並非提供了直接的創造力量，以將人的氣化生命扭轉成理想生命。換言之，認知能力只能幫助「量」上的增多，「質」上卻不能因此有所變化，使人活出「人之所以爲人」的理想價值。

在陽明的義理系統中，知識之培養，亦非是本質工夫，而是助緣工夫，陽明雖不禁止，但卻非其教學之主旨，此種不以認知爲學的態度，在《傳習錄》中屢屢可見：

> 若只是溫清之節，奉養之宜，可一日二日講之而盡，用得甚學問思辨？惟於溫清時，也只要此心純乎天理之極；奉養時，也只要此心純乎天理之極。此則非有學問思辨之功，將不免於毫釐千里之繆。所以雖在聖人，猶加精一之訓。若只是那些儀節求得是當，便謂至善，即如今扮戲子扮得許多溫清奉養的儀節是當，亦可謂之至善矣。〔註3〕

又如：

> 夫良知之於節目時變，猶規矩尺度之於方圓長短也。節目時變之不可預定，猶方圓長短之不可勝窮也。故規矩誠立，則不可欺以方圓，而天下之方圓不可勝用矣。尺度誠陳，則不可欺以長短，而天下之長短不可勝用矣。良知誠致，則不可欺以節目時變，而天下之節目時變不可勝應矣。毫釐千里之繆，不於吾心良知一念之微而察之，亦將何所用其學乎。〔註4〕

〔註3〕見《傳習錄・卷上》第四條。
〔註4〕見〈答顧東橋書〉，《傳習錄・卷中》第一三九條。

陽明言「心即理」，工夫只用在此心之上，使此心無私欲之蔽，恢復心之本體，當下便是天理之極則，以此純乎天理之心去行溫凊奉養之事，當下便是至善之所在，而此心體落於在現實日常上，面對事物之分殊，自然可以給出恰當合理的回應。如果工夫只用在往外求取知識，只專門學習溫凊奉養之節目安排，忽略了於此心上做去人欲、存天理的工夫，如此則是差之毫釐，失之千里，終究只是「無根本的學問」〔註5〕。當然，陽明於致良知之外，亦講求「權衡輕重之宜」〔註6〕，但若不先求諸於良知之一念明覺，而徒然考量時變之繁雜，便是「懸空」〔註7〕，無所著落。由此可以明白，雙江區別了認知與實踐的不同，反對從聞見學習上來致知，此種學問修養態度是與陽明義理系統，以及儒學內聖之學相應的。

再者，雙江區分了義內與義外的不同。儒家學問談的是道德實踐，而道德實踐最重要的意涵便是自發自覺。自發，主體自己決定要行所當行；自覺，主體依照本心之覺自己給出決斷。因此，儒家學問乃是「義內」之學，道德之理與道德行為之價值，皆是由內在主體給出的，並非取決於外在事理。孟子曰：「求則得之，舍則失之，是求有益於得也，求在我者也。」〔註8〕、「學問之道無他，求其放心而已矣。」〔註9〕，陽明曰：「不可外心以求仁，不可外心以求義，獨可外心以求理乎？外心以求理，此知行之所以二也。求理於吾心，此聖門知行合一之教，吾子又何疑乎？」〔註10〕皆是點明仁義禮智之理乃是即心而求，反身逆覺，不假於外的。相反地，如果只於事物上去明理，採順取之進路，求理於外，如此則為「義外」之學，並非儒家道德實踐之正

〔註5〕見《傳習錄・卷下》第二三九條：「先生曰：『吾教人致良知在格物上用功，卻是有根本的學問，日長進一日，愈久愈覺精明。世儒教人事事物物上去尋討，卻是無根本的學問。方其壯時，雖暫能外面修飾，不見有過，老則精神衰邁，終須放倒。譬如無根之樹，移栽水邊，雖暫時鮮好，終久要憔悴。』」

〔註6〕見《傳習錄・卷中》第一三九條：「……夫舜之不告而娶，豈舜之前已有不告而娶者為之準則，故舜得以考之何典，問諸何人，而為此邪？抑亦求諸其心一念之真知，權輕重之宜，不得已而為此邪？武之不葬而興師，豈武之前已有不葬而興師者為之準則，故武得以考之何典，問諸何人，而為此邪？抑亦求諸其心一念之良知，權輕重之宜，不得已而為此邪？……」

〔註7〕見《傳習錄・卷中》第一三九條：「……顧欲懸空討論此等變常之事，執之以為制事之本，以求臨事之無失，其亦遠矣。……」

〔註8〕見《孟子・盡心上》三。

〔註9〕見《孟子・告子上》十一。

〔註10〕見〈答顧東橋書〉，《傳習錄・中》第一三三條。

途，亦無道德實踐之保證。

對此「求理於外」的病痛，《傳習錄》中常有批評，如：

> 諸君要識得我立言宗旨。我如今說箇心即理是如何，只爲世人分心
> 與理爲二，故便有許多病痛，如五伯攘夷狄，尊周室，都是一箇私
> 心，便不當理，人卻說他做得當理，只心有未純，往往悦慕其所爲，
> 要來外面做得好看，卻與心全不相干，分心與理爲二，其流至於伯
> 道之偏而不自知。故我說箇心即理，要使知心理是一箇，便來心上
> 做工夫，不去襲義於外，便是王道之眞。此我立言宗旨。〔註11〕

五伯以武力治人，卻無德行以服人，故五伯只有德政的表面，而缺乏了德政
的精神價值。陽明以五伯之弊爲例，批評朱子窮格物理的工夫只是以心去具
理、合理，以認知方式去學習道理，如此只是襲義於外，心上卻不能有純粹
的覺悟，這樣的學問最終將流於虛僞、貌似。雙江亦有相同的批評：

> 自夫中之爲義，不明允執之旨，流而爲義襲之學。子思子憂人心之
> 日危也，於是作《中庸》以明其祖述之原，學者須從此處體識得明
> 瑩，則二氏五霸百家之學自有斷例，中是眞正主腦，允執是功夫歸
> 結處。〔註12〕

> 今之學者不訊其端，而日有事於宋人之助長，急於逃禪，而安於義
> 襲，矜持於念慮，揣摩於事變，依傍道理，依靠書冊，謂是爲格致
> 之實學，而凡用心於內，根究性體，以立乎大者，率謹然目之爲禪，
> 象山之被誣久矣，豈惟白沙之學爲然哉。〔註13〕

雙江分判了認知活動與道德實踐之創造性活動的不同，並舉象山之學爲例，
說明工夫當作在心上方是實學，這樣的見解與陽明相同。由此可知，在雙江
的思想體系中，雙江藉由知覺與聞見之知的並言論述，指出「求理於外」乃
是錯誤工夫，進一步地，再由反對「以知覺爲良知」的主張，肯定「心上求
理」乃本源工夫，如此的工夫主張實可與孟子、陽明一系學說相應。可以明
白，雙江區分了義內與義外的不同，認爲吾人不當求理於外，而當反身向內
以求良知，如此的工夫主張，實亦與陽明義理系統，以及儒家道德實踐學問
契合一致。

〔註11〕見《傳習錄·卷下》第三二一條。
〔註12〕見〈辯中〉，《雙江聶先生文集》卷之十四，頁 554 下。
〔註13〕見〈白沙先生緒言序〉，《雙江聶先生文集》卷之三，頁 282 上。

二、致知工夫不能用在思慮知覺

　　前文已論及，雙江反對以知覺爲良知，認爲知覺只是良知之發用，並非良知之本體，發用與本體間，存在著異層差別，故用上不能求體，致知必須回到本源處來用功，方能致得良知眞體。可以發現，雙江「反對以知覺爲良知」此一主張，雖然爲一本體論的論述，但其中所欲發顯的義理，實關涉於工夫論的範圍，換言之，雙江之所以反對以知覺爲良知，其背後的想法，正是考慮良知不能即於思慮知覺而求，致知工夫不能用在思慮知覺上。雙江云：

> 先師陽明子恫天下以聞見爲學，而不知豫吾內以利乎外也，於是自吾性之虛靈精實者挈以示人，不謂其誤而以知覺易聞見也，以知覺易聞見，均之爲外也。〔註14〕

雙江認爲，學者若從知覺上來致知，便與以聞見爲學一般，均爲外求，而非陽明向內求的學問。對此失卻本源的學問毛病，雙江曾設有譬喻來說明：

> 今不致感應變化所從出之知，而即感應變化之知而致之，是求日月於容光必照之處，而遺其懸象著明之大也。〔註15〕

致知當用在本體處，即感應變化所從出的本源之地，若是於感應變化的已發知覺上來用功，則如同在光照上求日月，反而忽略了日月本身之顯明。又云：

> 虛明者，鑑之體也，照則虛明之發也。知覺猶之照也，即知覺而求寂體，其與即照而求虛明者，又何異？〔註16〕

此是以鑑照爲喻，鑑之本體虛明，方能發而爲照，故虛明當於鑑上求，不應求於照上。同樣地，若要求致良知之體，亦不能即於知覺發用上來求。

　　事實上，正是因爲這個原因，雙江學說在當時便遭到王門弟子的許多抨擊。在雙江文集中，便記載到雙江與歐陽南野的問答：

> 又云：「良知感應變化，如視聽言動，喜怒哀樂之類，無良知則感應變化何所從出，然非感應變化，則亦無以見其所謂良知者。故致知者，致其感應變化之知也。」仰體尊意，似云，原泉者，江淮河漢之所從出也，然非江淮河漢，則亦無以見所謂原泉者。故濬原者，濬其江淮河漢所從出之原，非江淮河漢爲原而濬之也。根本者，枝葉花實之所從出也，培根者，培其枝葉花實所從之根，非以枝葉花

〔註14〕見〈送王惟中歸泉州序〉，《雙江聶先生文集》卷之四，頁296下。
〔註15〕見〈答歐陽南野‧三〉，《雙江聶先生文集》卷之八，頁391下。
〔註16〕見〈寄王龍溪二首‧二〉，《雙江聶先生文集》卷之八，頁408下。

實爲根而培之也。今不致感應變化所從出之知，而即感應變化之知
而致之，是求日月於容光必照之處，而遺其懸象著明之大也。何如？

〔註17〕

南野認爲，感應變化固然是從良知所發出，但若沒有感應變化可供良知呈顯，
人如何能夠體會到有個良知存在？因此，致良知應當即在感應變化中致，而
不能脫離感應變化之外，另致良知。可以知道，南野的問題意識乃是基於陽
明學立場而發的，南野詰難的，便是上文陳述的問題，即：在陽明的義理系
統中，良知之體與良知之用是不能割裂的，但雙江體用區分的思路，卻割裂
了良知之體與良知之用。從雙江的回答中，顯示雙江仍舊堅持其體用區分的
說法，雙江並舉出「濬原」、「培根」兩個例子，以源流、本末的觀念來加強
說明其體用區別的主張，而在此主張下，工夫應當回到源上、本上、體上來
做，而非用在流上、末上、用上。

筆者認爲，雙江這樣的回答，雖然切合於其自身的學說，但尚不能回應
南野基於陽明學提出的詰難，雙江體用區別的主張，是否能在王學義理脈絡
下證成，並開出有效的工夫論，這個問題將在後文中逐步分析處理，在此正
式進入工夫論的討論。

第二節　雙江與陽明工夫論的同異問題

根據前文對雙江良知觀的分析，可以發現，雙江雖承陽明良知之教，但
其對良知的把握，實與陽明有別，因此發展至工夫論時，雙江對於「致知格
物」的理解，也與陽明不盡相同，而形成其獨特的工夫論，亦即「歸寂說」。
在本節中，將先初步探討雙江對於陽明工夫論之理解，並針對雙江與陽明工
夫論的同異問題，作出分析與比較。在下一節中，將延續本節的討論，進一
步思考雙江歸寂工夫的實際意涵。

一、歸寂工夫的思想型態

在正式進入雙江歸寂工夫的討論之前，必須先說明的是，在目前學界的
研究中，普遍習慣以「歸寂說」一語，來指稱雙江的學問思想，簡單地說，「寂」

〔註17〕見〈答歐陽南野‧三〉，《雙江聶先生文集》卷之八，頁391上～下。

即指虛靈寂體,而「歸」則點明一條達致虛靈寂體的工夫路向。筆者認爲,雖然在儒家的義理系統中,本體論與工夫論並不能分割來論,在研究學者思想時,必須同時參酌這兩面觀點與論述,才能建構出整體架構,然而,當使用「歸寂說」一語來指稱雙江的思想型態時,其透顯出工夫論的意味,實較濃厚。雙江云:

> 僕謂歸寂之功,本無間於動靜,一以歸寂爲主。寂以應感,自有以通天下之故,應非吾所能與其力也。與力於應感者,憧憧之思,而後過與不及生焉。是過與不及,生於不寂之感。寂而感者,是從規矩之方圓也,安有所謂過與不及哉?而不免於過與不及者,規矩之爽其則也。今不求天則於規矩,而即方圓以求之,宜其傳愈訛,而失愈遠也。何如?〔註18〕

又云:

> 夫有未發之中,便有發而中節之和。有先天之學,便有奉天時行之用。感生於寂,歸寂所以通感,已無復可疑。〔註19〕

可見雙江主張「歸寂之功」,主要是在工夫論的脈絡下來談的,而雙江之所以要主張「歸寂」工夫,正欲強調儒家成聖工夫的本質性,亦即雙江所謂的「先天之學」。

若觀察雙江針對「歸寂」工夫的論述,實際上可以解析爲幾項要點:「無間於動靜」、「一以歸寂爲主」、「寂以應感,自有以通天下之故」、「應非吾所能與其力」,由此可以明白,「歸寂」工夫,一則是在雙江反對以知覺爲良知、反對即於知覺處用功的基本立場下;另一則是在雙江嚴辨寂感、未發已發的體用區分格局下,所必然導向的工夫論主張,其重點在於標舉出一條達致本原的工夫路向,在此之下,知覺感應與人力造作皆非吾人用功著力之處,工夫當需回到本體處來用,這便是「歸寂」工夫論展現出的義理意義。

雙江云:

> 竊謂知,良知也,虛靈不昧,天命之性也。致者,充極其虛靈之本體,而不以一毫意欲自蔽,而明德在我也。格物者,感而遂通天下之故,而修齊治平,一以貫之,是謂明明德於天下也。〔註20〕

〔註18〕見〈答歐陽南野・三〉,《雙江聶先生文集》卷之八,頁392下。
〔註19〕見〈答王龍溪〉,《雙江聶先生文集》卷之十一,頁487下。
〔註20〕見〈答戴伯常〉,《雙江聶先生文集》卷之十,頁439下。

> 致知者，惟歸寂以通感，執體以應用，是謂知遠之近、知風之自、
>
> 知微之顯而知無不良也。〔註21〕

在雙江觀念中，特重良知的本體意涵，良知爲天地萬物生生之根據，故爲「天命之性」；並且，良知涵具萬理，無物不備，故其「虛靈不昧」。而若要致得此種以本體義爲首出的良知，所要採取的工夫乃是「充極其虛靈之本體，而不以一毫意欲自蔽」，此即「明德在我」；而工夫之後，則能「感而遂通天下之故」，此即「明明德於天下」。雙江又云：

> 學本良知，致知爲學。格物者，致知之功也。學致良知，萬物皆備。
>
> 〔註22〕

故明白雙江是以「充極其虛靈本體，而不以一毫意欲自蔽」來規定「致知」工夫，而「格物」則爲工夫之後的境界，並非工夫。換言之，雙江是以其自身「歸寂」工夫論來理解陽明的「致知格物」，而從表面上看來，雙江如此的工夫主張，與陽明似有不切。陽明云：

> 若鄙人所謂致知格物者，致吾心之良知於事事物物也。吾心之良知，
>
> 即所謂天理也。致吾心良知之天理於事事物物，則事事物物皆得其
>
> 理矣。致吾心之良知者，致知也。事事物物皆得其理者，格物也，
>
> 是合心與理而爲一者也。〔註23〕

陽明所談的「致知格物」，乃是推致吾心之良知於事事物物，使事事物物各得良知天理之正的意思，如此來談的「致知格物」，是在肯定「心即理」之系統下，點明了一條極爲易簡，而又達於高明的實踐修養路向，使人在日常流行生活中，能夠依照所面對的對象、事物或情境之不同，當下順應本心之要求、呼喚，立即地給出相應的對待，而在此應事接物之中，良知之天理便活躍呈現於當下。是故，在陽明，致知與格物是分不開的，若要致知，便在使事事物物得其正理中來致；若要格物，便在良知之天理推致呈顯中來格，致知與格物實爲工夫之一體兩面，而道德實踐之能事，也即在致知格物中充分實現、完成。

反觀雙江對於「致知格物」的理解。首先，陽明將「致」解爲「推致」，其所代表的意義在於，將內在本心之理充分發顯，推而廣之於事物之上，隨

〔註21〕見〈贈王學正之宿遷序〉，《雙江聶先生文集》卷之四，頁306上～下。

〔註22〕見〈重刻傳習錄序〉，《雙江聶先生文集》卷之三，頁276下。

〔註23〕見〈答顧東橋書〉，《傳習錄》卷中，第一三五條。

外在對象之不同，而有相應之理呈現，如此的理乃是無限者，通過生命中隨時發生的道德實踐，生生不已地創造出來，且在每個實踐之片刻當下，所具體呈現之理，皆乃那唯一的，圓滿具足之理。而雙江則將「致」解為「充極」，「充極」一詞含有設限意味，以「充極虛靈之本體」規定工夫，則予人一種可憑賴工夫，以作量度上之改變的感覺，在此之下，非但將理之生生創造，由向外推擴，轉為向內積累，甚且使無限之理，落為有限；使圓滿具足之理，成為有缺。〔註24〕

　　再者，雙江認為格物只是工夫之後的自然境界，格物處無工夫可言，如此則失卻了在應事接物中具體實踐的意義，而專注在用功於己身之上，只欲充分顯發內在於心的良知本體，但在「心即理」的系統之下，良知之理若要呈顯，非在它處，而只在應事接物時呈顯，見父知孝，見兄知弟，見孺子入井則自然惻隱，〔註25〕良知之理無法離開流行日用而憑空呈顯，故雙江取消格物工夫，則是不解陽明揭舉的不離庸常，又達於高明的工夫意義所在，且將連帶使得致知工夫的實行，將歸於無所根據。

　　可以明白，雙江對於「致知格物」的理解，與陽明相較起來，的確存在不同。然而，筆者認為，從雙江與陽明的不同之處中，正可見到雙江工夫論的特出之處。而究竟雙江對於「致知格物」的理解實際為何？又，雙江是否能回應其與陽明學說不同而衍生的理論缺陷？筆者認為，可以將雙江與陽明二人對「致知」、「誠意」、「格物」之不同理解，作一比較，並從中討論雙江與陽明義理系統的關連性問題，在此轉入下文。

二、對「致知」、「誠意」、「格物」的理解

　　據上文之分析，雙江以「歸寂」思想來詮釋陽明「致知格物」，與陽明本身的義理意涵似乎有所不同，然而，若要仔細釐清雙江與陽明義理系統的關

〔註24〕對於此一問題，林月惠教授提到：「不過，『充滿虛靈本體之量』此一命題，在語意上容易產生誤解。因為，以『虛靈本體』形容『良知』本無疑義，但『良知』作為『本體』（性體、心體），本自『純粹至善』、『純乎天理』，故『良知』屬『質』的範疇，而非『量』的範疇。若以『虛靈本體之量』來形容『良知』本體，會誤以為『良知』本體有『部分』與『全體』之別，良知本體不夠圓滿完具。」見林月惠，《良知學的轉折：聶雙江與羅念菴思想之研究》，頁225。

〔註25〕見〈徐愛錄〉，《傳習錄》卷上，第八條。

連性問題，則必須進一步參考雙江對於相關工夫概念的理解爲何，方能有較周全的討論。因此，在本節中將針對雙江對於「致知」、「誠意」、「格物」的理解加以分析討論，以試圖釐清雙江與陽明工夫論的同異問題，以下分別就「致知」、「誠意」、「格物」分爲三方面來進行討論。

（一）以知止釋致知：致知乃自覺其性的工夫

雙江認爲，「致知」即《大學》經文中的「知止」，並認爲「知止」乃是《大學》一書的精蘊所在，〔註26〕雙江云：

> 知止云者，知明德、親民之所止而止之，則定靜安慮一以貫之，而明德、親民在其中矣。下文致知即此之知止，言充滿吾虛靈本體之量，不以一毫意欲自蔽。下文格物即此安慮，言感而遂通天下之故，無一物不在所愛之中也。故感而遂通一身之故，則身脩；感而遂通一國之故，則國治；感而遂通天下之故，便是明明德於天下平。二氏致知與吾儒同，乃以人倫物理爲根塵而寂滅之，吾儒之所以異於彼者，全在通感應變，以究吾彌綸參贊之實用，正與首三句及第二條相發明，非致知之外別有知止，格物之外別有明德親民的作用也。〔註27〕

雙江此段是主要針對《大學》經文中：「大學之道，在明明德，在親民，在止於至善。」與「知止而後有定，定而後能靜，靜而後能安，安而後能慮，慮而後能得。」二條文字加以詮解，並著重在「知止」一義之發蘊上。雙江認爲，「知止」乃是「知明德、親民之所止而止之」，而「知止」也正是「致知」，即「充滿吾虛靈本體之量，不以一毫意欲自蔽」之義。由此可以發現，雙江的確不是跟隨陽明推致吾心之良知於事事物物上的工夫路向，來闡明「致知」之功，而是將「致知」轉化成爲自身的工夫論主張，是故，與其說雙江是從陽明「致知」工夫意涵出發，將「致知」與「知止」兩個概念串連在一起，倒不如說雙江是以《大學》「知止」之義來詮釋「致知」，實較爲恰當。

而《大學》「知止」的意義爲何呢？若依照朱子的理解，「止」乃所當止

〔註26〕雙江云：「嘗考《大學》一書，其精微之蘊全在知止一條，以故群於此處，艮之、敬之、欽之、安之，今不在此處領略，而乃以格物爲知止，不知本條『定、靜、安、慮』四字安在何處，其謬不已甚乎。」見〈寄羅念庵十六首‧四〉，《雙江聶先生文集》卷之九，頁420上。

〔註27〕見〈答松江吳節推〉，《雙江聶先生文集》卷之八，頁414下。

之地，亦即「至善」之所在，而「至善」爲事理當然之極，「知」之，則是指心有定向。〔註28〕因此，在朱子觀念中，「知止」所要表現的意思是，知道事事物物最圓善完滿的境界，而立定志向，不受他物干擾，力求達致並完成那最完美的理想目標。在此種詮釋之下，「知止」實際上便蘊含了「自覺」的工夫。因爲，朱子所理解的「明德」，乃是從人的稟賦上來說，人雖具備虛靈不昧的「明德」，但卻會受氣性所拘蔽，使得天所命於我之「明德」，有時墮在昏蔽的狀態中，故人身處在氣化生命中，必須有所「自覺」，通過心靈上的徹底覺悟，衝破氣質的侷限，讓「明德」復其本有之光明，以活出理想的生命。可以明白，「知止」之「知」不是單純的知識之知，而是實踐之知，「知止」乃是「自覺」的工夫，亦即「自覺其性」的工夫，通過心靈上的改頭換面，徹底覺悟省察，眞切地理解到生命所能達致的最高境界，而進一步化作實踐，力求擺脫氣化身分，向上朝理想的生命境地靠近。故若要說工夫，此正是工夫；若要說境界，此亦正是境界，這是在「性即理」的系統下，所開出的儒家成德之教。

而在陽明，乃是由心上說「至善」，亦即由良知來說「至善」。陽明云：

> 人惟不知至善之在吾心，而求之於其外，以爲事事物物皆有定理也，而求至善於事事物物之中，主意支離決裂，錯雜紛紜，而莫知有一定之向。今焉既知至善之在吾心，而不假於外求，則志有定向，而無支離決裂、錯雜紛紜之患矣。無支離決裂、錯雜紛紜之患，則心不妄動而能靜矣。心不妄動而能靜，則其日用之間，從容閒暇而能安矣。能安，則凡一念之發，一事之感，其爲至善乎？其非至善乎？吾心之良知自有以詳審精察之，而能慮矣。能慮則擇之無不精，處

〔註28〕朱子針對《大學》經文首三句注曰：「程子曰：『親，當作新。』大學者，大人之學也。明，明之也。明德者，人之所得乎天，而虛靈不昧，以具眾理而應萬事者也。但爲氣稟所拘，人欲所蔽，則有時而昏；然其本體之明，則有未嘗息者。故學者當因其所發而遂明之，以復其初也。新者，革其舊之謂也，言既自明其明德，又當推以及人，使之亦有以去其舊染之污也。止者，必至於是而不遷之意。至善，則事理當然之極也。言明明德、新民，皆當至於至善之地而不遷。蓋必其有以盡夫天理之極，而無一毫人欲之私也。此三者，大學之綱領也。」又對其後一條注曰：「後，與後同，後放此。止者，所當止之地，即至善之所在也。知之，則志有定向。靜，謂心不妄動。安，謂所處而安。慮，謂處事精詳。得，謂得其所止。」見朱子，《大學章句集注》。

之無不當，而至善於是乎可得矣。〔註29〕

陽明對「知止」的理解乃是針對朱子格物窮理的工夫而發，「知止」即知道「至善」存在吾人內心當中，非落在外在事事物物之事理中，故若心有此定向，則能不假外求，免於追求外在紛雜之事理，而患破碎支離的毛病。在此種詮釋之下，「知止」雖然也涉及到工夫論之範圍，但似乎重在辨析求理於心，與求理於外的差異，而未包含具體的修養主張。因為，陽明雖然亦將「至善」解為明德、親民之極則，為天所命於我之性，但陽明並非是從外在事物當然之理來把握「至善」，而是直接將此「至善」之體視作內在於吾人的本心良知，良知發顯，隨感隨應，無不非自然之天則，而由於本心良知乃自然明覺者，故工夫只當用於「致知」，推致吾心良知之天理極則於事事物物，不須再往外尋求一本體之定理來作為實踐之志向目標。這是在「心即理」的系統下，所開出的儒家成德之教，可以發現，「知止」在此並非具體且核心的工夫修養主張，「致知」方是逆覺其心的本質工夫。

參考朱子與陽明的理解，反觀雙江的說法，可以發現，雙江對於「知止」的理解，似乎較近於陽明的說法。前文已云，雙江以「知止」來詮釋「致知」，「知止」為知明德、親民之所止而止之，「致知」為充滿虛靈本體之量，不以一毫意欲自蔽。除此之外，雙江亦云：

> 知止者，知至善而止之。知至善而止之，正是無動無靜境界，豈待慮而後察善惡乎？慮而後察善惡，則前此已是無善無惡矣，何故慮時又有善惡出來待察耶？只從一路做去，久當冰解凍釋。善惡屬氣，止無善惡。〔註30〕

> 知止，知至善而止之也。知止便是致知，定靜安誠正身修也。慮則齊治平，一以貫之，即格物也。〔註31〕

> 正與知止而後有定一條，脈絡相應。知譬鏡之明，致則磨鏡，格則鏡之照，妍媸在彼，隨物應之而已，何與焉，是之謂格物。聖學本自簡易，只求復性體知善知惡，不知從性體上看，亦只隨念頭轉，若從念頭上看，何啻千里？今之以任情為率性者，類如此。〔註32〕

〔註29〕見王陽明，《大學問》。
〔註30〕見〈答戴伯常〉，《雙江聶先生文集》卷之十，頁443上～下。
〔註31〕見〈答戴伯常〉，《雙江聶先生文集》卷之十，頁441上。
〔註32〕見〈答戴伯常〉，《雙江聶先生文集》卷之十，頁439下～440上。

根據引文，雙江以「知止」釋「致知」實突顯了兩方面的意義：一方面，雙江再次重申工夫不能用於思慮見聞，而當用在本體處，此與其「反對即於知覺思慮處用功」的基本立場乃相互呼應；而另一方面，雙江特重至善之本體的超越身分，吾人必須通過「知」至善，以「止」於至善，這種說法實際上便含蘊了「自覺」的工夫。這樣說來，雙江以「知止」釋「致知」的說法，似近朱子，而遠陽明。然而若再深論，雖然陽明於論「知止」處尚未明言，但「自覺」工夫的精神，亦正同於「逆覺」，因此，若是雙江的「知止」概念涵括了知至善之體的「自覺」工夫，反而可彌補雙江不信良知見成所產生的動力缺無的問題，而可使其工夫主張消融在「心即理」的系統下。如此一來，雙江在論「知止」工夫時，其說法是否偏離陽明，而傾向朱子，其辨別關鍵便落在「至善之體何在」此一問題上。若能肯定「至善之體」亦即吾心之良知，則雙江仍可歸在陽明義理系統之下；反之，雙江若必須往外求取一定理之極則，以作為自覺之對象，那麼雙江便離開了心學的工夫路向。

基於上述問題，雙江云：

> 大人者，知遠之近，知微之顯，於是有知止之功焉。止也者，吾心之體，萬化之原也。至虛而備，至靜而章，至寂而神。子思所謂未發之中，天下之大本是也。〔註33〕

「至善」之「止」，即吾心之本體，萬化之根源，乃至虛、至靜、至寂的未發之中體，承上章對於雙江良知觀的分析與討論，可以明白，如此來談的「至善之體」，雖以性體義為首出，然通過功夫實踐之後，心與理將可從分裂的狀態，歸於一源。〔註34〕因此，雙江以「知止」釋「致知」的工夫主張，與陽明「致知」工夫相較起來，並未發生本質上之偏離。然而，雙江觀念中的「知止」，雖具有「自覺」工夫的意涵，點明了不假外求之工夫路向，亦提供自發自覺之實踐動力，但這樣的工夫論述尚未十分明朗，對於具體的修養方法，以及人如何能夠自覺的問題，雙江在「知止」意涵的論述中，並未能提供充分的答覆，這些問題皆須留待下文處理，而雙江完整的工夫論主張，也必須從其他概念之探究中展現。

〔註33〕 見〈留別殿學少湖徐公序〉，《雙江聶先生文集》卷之四，頁308上。
〔註34〕 雙江對《大學》「知止」的意涵，除了直接說解之外，雙江亦將《大學》「知止」之「止」與《易》「艮止」之「止」關連在一起，從中兩「止」之義的綜合討論中，更能彰顯雙江以本體義為首出的良知觀，以及用功於先天本體上的工夫論，詳細的情況，將在第四章中深入討論。

（二）致知而意自誠：誠意乃意而無意之境界

雙江在論「誠意」時，持守其反對「以知覺爲良知」的基本立場，認爲知覺意念，憧憧往來，皆屬已發，致知工夫不能著力在知覺意念處。雙江云：

> 毋有作好，毋有作惡，如好好色，如惡惡臭，動以天也，故能自慊。然此非能充滿其良知本體之量，而無一毫自欺之蔽者，不能及此。其善之當爲而爲之不疑者，知之至也。若在意上做誠的工夫，此便落在意見，不如只在良知上做誠的工夫，則天理流行，自有動以天的機括，故知致則意無不誠也。〔註35〕

雙江對於「誠意」的規定，是結合了《尚書‧洪範》：「遵王之義，無有作好。遵王之道，無有作惡。」以及《大學》傳第六章：「所謂誠其意者，毋自欺也。如惡惡臭，如好好色，此之謂自慊。」來作詮釋。雙江認爲，所謂「誠意」的工夫，不能作於意上，作於意上，便會落於意見，如此只是對思慮意念作有計較安排，於良知本體無有幫助。因此，「誠意」工夫當回到本體處，作在良知之體上，使良知之體虛靈明徹，無絲毫人心私欲遮蔽，如此良知之發，皆自然而然，無有作好，無有作惡，如好好色、惡惡臭，如天然自有自能一般，故說「知致而意無不誠」，工夫惟在「致知」一處，良知致得之後，良知所發之意，皆動以天則，無動以人私。

雙江又云：

> 《大學》之功在誠意。誠者，天之道也，如好好色，如惡惡臭，不犯纖毫人力，動以天耳，動以天而斯謂之誠。誠意之要，致知焉盡之也。知者，心之體，虛靈不昧，即明德也。致者，充滿其虛靈之本體，江漢濯之，秋陽暴之，可以合德天地，並明日月，而斯謂之致。致知即致中也，寂然不動，先天而天弗違者也。〔註36〕

此段表達的意思，與上文相同，「誠意之要，致知焉盡之也」，「誠意」之功乃在「致知」工夫上用，明其明德，意自無不誠。在此段中，雙江亦引用了《中庸》第二十章：「誠者，天之道。」當中「誠」的概念，來輔助其論「誠意」。可以發現，在雙江的理解下，「誠意」處似無工夫可言，工夫惟在「致知」。林月惠教授也認爲，誠意之「誠」，並沒有工夫對治義，而誠意之「意」，爲

〔註35〕見〈答戴伯常〉，《雙江聶先生文集》卷之十，頁456上～下。
〔註36〕見〈答亢子益問學〉，《雙江聶先生文集》卷之八，頁401上。

至善無惡之意，此非現實之意念，乃是境界上說的意。〔註37〕並且，筆者認為，雙江履引《中庸》之「誠」來詮解《大學》之「誠意」，亦可發現，雙江重視的是「誠」作爲天之道、天命之性的本體意義，而若雙江重視的是此宇宙論生化意義的道體，此道體乃現實一切存有能夠盡其本性的必然條件，並非須由人之道德活動去實踐出來的天理天道，那麼雙江若說「誠意」處無工夫，則是可以了解的想法。

然回到陽明義理系統下，觀察「誠意」在陽明學說中的地位。雖然陽明「致良知」一論已能盡發其學說精蘊，但《大學》一書中的脩身系列：「格、致、誠、正」，在陽明工夫論中，實具有密切的關連性。這四者雖各有其特別表明的修養之事，但在陽明的詮釋下，四者串聯而統一，一同皆被收攝在「致知」一義上。在《傳習錄》中的一段記載，能完整詳細地表達出陽明的看法，筆者將原文分作五段，茲引如下。

首段釋義：

> 先生曰：「先儒解『格物』爲『格天下之物』，天下之物如何格得？且謂一草一木亦皆有理，今如何去格？縱格得草木來，如何反來誠得自家意？我解『格』作『正』字義，『物』作『事』字義。

第二段論《大學》修身之旨：

> 《大學》之所謂『身』，即耳、目、口、鼻、四肢是也。欲修身便是要目非禮勿視，耳非禮勿聽，口非禮勿言，四肢非禮勿動。要修這箇身，身上如何用得工夫？心者身之主宰。目雖視，而所以視者心也。耳雖聽，而所以聽者心也。口與四肢雖言動，而所以言動者心也。故欲修身，在於體當自家心體，常令廓然大公，無有些子不正處。主宰一正，則發竅於目，自無非禮之視。發竅於耳，自無非禮之聽。發竅於口與四肢，自無非禮之言動。此便是修身在正其心。

第三段論正心在誠意：

> 然至善者心之本體也，心之本體那有不善？如今要正心，本體上何處用得功？必就心之發動處纔可著力也。心之發動不能無不善，故

〔註37〕 林月惠教授說：「如是，誠意之『誠』，沒有工夫對治義，所謂『誠言其順』也；其實義乃是『天理流行，自然中節，動以天也。』而誠意之『意』，也上提爲至善無惡之意。吾人做工夫，所欲達到的即是此境界。故雙江乃云：『《大學》之功在誠意。』」見林月惠，《良知學的轉折：聶雙江與羅念菴思想之研究》，頁224。

須就此處著力，便是在誠意。如一念發在好善上，便實實落落去好善。一念發在惡惡上，便實實落落去惡惡。意之所發，既無不誠，則其本體如何有不正的？故欲正其心在誠意。工夫到誠意，始有著落處。

第四段論誠意在致知：

然誠意之本，又在於致知也。所謂『人雖不知而已所獨知』者，此正是吾心良知處。然知得善，卻不依這箇良知便做去。知得不善，卻不依這箇良知便不去做。則這箇良知便遮蔽了，是不能致知也。吾心良知既不得擴充到底，則善雖知好，不能著實好了；惡雖知惡，不能著實惡了，如何得意誠？故致知者，意誠之本也。

第五段論致知在格物：

然亦不是懸空的致知，致知在實事上格。如意在于為善，便就這件事上去為；意在于去惡，便就這件事上去不為。去惡固是『格不正以歸於正』，為善則不善正了，亦是『格不正以歸於正』也。如此則吾心良知無私欲蔽了，得以致其極，而意之所發，好善去惡，無有不誠矣。誠意工夫實下手處在格物也。若如此格物，人人便做得。『人皆可以為堯舜』，正在此也。」〔註38〕

以上一段長文，是陽明針對《大學》經文中：「欲脩其身者，先正其心；欲正其心者，先誠其意；欲誠其意者，先致其知；致知在格物。」一段文字，作出的詮解。在陽明，「心」是吾人的道德本心，乃至善之本體；「意」則是心之所發，或順良知明覺而發故為善，或不順良知明覺而發故為不善；「知」是良知明覺，是意念照於事事物物上而來的價值判準；「物」是意之所在，此非自然事物，而是道德活動下的行為物。〔註39〕順此對於「心、意、知、物」的基本看法出發，陽明認為，《大學》所謂的修身，是要使人之視聽言動皆要

〔註38〕見〈黃以方錄〉，《傳習錄》卷下，第三一七條。

〔註39〕陽明云：「身之主宰便是心。心之所發便是意。意之本體便是知。意之所在便是物。如意在於事親，即事親便是一物。意在於事君，即事君便是一物。意在於仁民愛物，即仁民愛物便是一物。意在於視聽言動，即視聽言動便是一物。所以某說無心外之理，無心外之物。中庸言『不誠無物』，大學『明明德』之功，只是箇誠意。誠意之功，只是箇格物。」見〈徐愛錄〉，《傳習錄》卷上，第六條。以及：「問：『身之主為心，心之靈明是知。知之發動是意。意之所著為物。是如此否？』先生曰：『亦是。』」見〈陸澄錄〉，《傳習錄》卷上，第七八條。

合於禮，而若要合禮，便要使心正，心正，則視聽言動之發皆能自然無有不正，故說「修身在正其心」。但談到心，心乃至善之本體，為絕對的至善，無有不善，因此若要用正心之功，無法即於心之本體上來著手，而必須即於心之發動上來著手。心之發動，也就是意，在意念之發為好善時，真切篤實地去好善；在意念之發為惡惡時，真切篤實地去惡惡，如此便是誠意，故說「正心在誠意」。然好善、惡惡，雖已是自心之至善而發，乃真誠無妄之意念，但陽明「致良知」之教並不能只停留在意念之好善、惡惡上，而必須進至為善、去惡之行為，因此，此間尚須一推致之功，使良知擴充到底，無私欲遮蔽，知得善便為善，知得惡便去惡，如此是在意之上，加添知的力量，再由知的力量，去驅策道德行動，故說「誠意在致知」。然良知之推致亦非憑空而作，知乃意念照於事物上之價值判準，故若要致知，則不能離卻日用倫常之實事，當面對實事時，意念若在於為善，便去為此事，意念若在於去惡，便去不為此事，為善、去惡，皆為格其不正以歸於正，此即格物之謂，故說「致知在格物」。

據上文之分析，可以明白，「格、致、誠、正」在陽明的詮釋中，實為同一個修養實踐的工夫歷程，故在此之下，「誠意」亦為工夫歷程中之一環節，不可取消。然而，若是嚴格地作一界定的話，「誠意」究竟該就工夫來說？抑或就境界來說呢？《大學》經文中與「誠意」有直接牽連的在於「欲正其心者，先誠其意」與「欲誠其意者，先致其知」兩處，而在陽明的詮解之下，「致知在格物」一處也與「誠意」不脫關連，因此，可由這些地方來進行討論。

首先，陽明論「正心在誠意」處，心是至善本體，這是預先肯定的命題，而由於心之本體無有不正，故只能於已發動之意念處來「誠意」，如此一來，此時所謂的「誠意」，乃是就若好善，便真實去好善；若惡惡，便真實去惡惡，這樣來說的「誠意」，換言之，其實也就是「真誠面對意念」之義。若是此處可言工夫，則必須承認心所發之意念，皆是真實無妄、純乎天理而發者，不然即便以真誠的態度去面對好善、惡惡之意，亦有可能只是隨著雜染之念頭流轉，然而在陽明，「意」乃有善有惡者，非為至善無惡者，從此意涵之「意」出發，很難穩固「誠意」的工夫。再進一步討論，陽明後文云：「意之所發，既無不誠，則其本體如何有不正的？」在這句話中，若沒有包括工夫意涵的話，那麼便不具有意義。因為前云心之本體無有不正，已發意念處才有有善有惡的問題，而在此句中，先肯定意之所發，既無不誠，然後再逆推到心體

無有不正，便產生了循環矛盾，可見這句話當有工夫意涵具於其中。然而，若承接前文，「誠意」是「真誠面對意念」之義，若要保證此工夫之穩固，則須肯定所面對的意念本身沒有汙損質變，但這又非陽明所肯定的。因此，可以發現，在論「正心在誠意」處，「誠意」就其本身而言並非穩當工夫，其若有工夫著力處，必須關連於其他概念。

再來，陽明論「誠意在致知」處，考慮的乃是道德行為保證的問題，此處預先肯定了知得善，與知得不善，此是良知明覺，人皆有此良知明覺，故能知善，知不善，此處又賦予了「知行合一」的動力，故知善便能為善，知不善便能不為不善。很顯然地，這便是陽明「致良知」工夫論的核心要旨，就「致知」本身而言，已是相當暢達的工夫主張，而在「致知」工夫之下，意成為了良知察識的對象，察識有善有惡之意，進而知善知惡，為善去惡。本來「誠意」所含有的「真誠面對意念」之義，在此被「擴充以使良知無遮蔽」的工夫意涵所取代。可以發現，在論「誠意在致知」處，「意」成為對致用功的對象，「誠意」則無形消融在「致知」之中。

最後，陽明論「致知在格物」處，談的正是「即事磨練」，陽明所言的「致知」不是憑空去證一良知本體，而是在實事中用功，而陽明觀念中的事物，非自然事物，而是行為物，故陽明所謂的「即事磨練」，並非窮格探究事物之定理，而是在明覺感應中體現天理，意在於為善便為善，意在於去惡便去惡，真實面對意念之發，無有欺瞞，如此便能擴充良知，使良知無有遮蔽，而良知發而為意，好善去惡，無有不誠。可以發現，此句中含有兩個「意」的概念，前者以「明覺」規定之，也就是「良知見成」的意涵；後者乃「無有不誠」之意，非「有善有惡」之意，可見是從工夫後境界來說。

綜合而論，在陽明的詮釋下，「誠意」、「致知」、「格物」雖然皆為工夫，但皆關連於同一個工夫，一同收攝在「致知」之下，若無「致知」作為工夫之樞紐，「誠意」、「格物」亦非穩當的工夫。因此，在一方面，「誠意」可以是工夫，「誠意」即「致知」即「格物」，而以「致知」為要；另一方面，「誠意」亦可以是境界，知致，則意誠，則物格，「誠意」乃良知遍照下，真誠無妄之發動。

關於此，蔡仁厚教授也有相同的看法：

> 依陽明，誠意、致知、格物三者雖不是同一，但彼此卻因等價關係而統於一。知既致，則意自誠，物自格。故工夫用力處，實在於「致

知」而不在「格物」。物之格（事物之正）是因知之致而至於物，以使事物皆得良知天理之潤澤而各得其正。知之致是條件，物之格是後果，故陽明曰：「致知焉盡矣。」〔註40〕

由此可知，陽明的工夫還是集中在「致知」一處，「誠意」與其說是工夫，莫若說為工夫後自然發用之境界，實較為切近。據此，反觀雙江論「誠意」的說法，雙江云：

> 蓋言誠意之功，全在致知。致知云者，充滿吾虛靈本體之量，而不以一毫意欲自蔽，是謂先天之體，未發之中。故自此而發者，感而遂通，一毫人力與不得。一毫人力不與，是意而無意也。今不養善根，而求好色之好；不拔惡根，而求惡臭之惡，好謂苟且狥外而為人也，而可謂之誠乎？蓋意者心之發，亦心之障也。〔註41〕

可以發現，如同本節開頭之分析，雙江論「誠意」時，主要表達的意思是，意乃心之所發，既落於發處，便不穩當，其好惡或發自心之本體，抑或發自人心私欲。前者乃感而遂通，不著一毫人力，故為「意而無意」；而後者乃苟且狥外，雜以人為，故為「心之障」。因此，前者既為工夫後之境界，故說「誠意之功，全在致知」，後者為心之障，故要施以「致知」工夫，本體既復其虛靈，意自能誠。

（三）致知而物自格：格物乃感而遂通之效驗

雙江論「格物」時，其思路大抵與論「誠意」時相同，雙江首先辨明「格物」之說，指的並非朱子主張的窮格事物之理的工夫。雙江云：

> 今日格一物，明日格一物，已非《大學》格物本旨，但今之學者，志在廣聞見，故力主此說而不破，而至於以一物不知為深恥，終身弊考索，而於身心一無所得者，往往有之。〔註42〕

「今日格一物，明日格一物」，乃指朱子格物窮理之說而言，雙江認為，若只是務求聞見之考索，便與《大學》的修身要旨不切。這種對於朱學的批評，屢見於《傳習錄》中，這是陽明後學的共同意識。然而，雙江觀念中的「格物」意涵，較為特殊的是，雙江反對「物上求正」的工夫，堅持「格物」處並無工夫可作。雙江云：

〔註40〕見蔡仁厚，《王陽明哲學》，頁32。
〔註41〕見〈答錢緒山〉，《雙江聶先生文集》卷之九，頁429下～420上。
〔註42〕見〈答戴伯常〉，《雙江聶先生文集》卷之十，頁472上。

今謂隨事隨物，皆是這箇良知流行，靈昭不昧，便是格物以致知。
不知怎生得他如此靈昭不昧也。若謂其本來如此，則無事於學矣；
若謂強而使之如此，則又礙於助長，其害苗甚矣；若謂養之而後能
如此，則其工夫又自別有所在。〔註43〕

雙江此說是回應劉兩峰而發。兩峰云：「隨事隨物皆是這個良知流行，靈昭不
昧，便是格物以致知。」此語乃是陽明「心即理」義理系統下而有的主張，
肯認良知本體的活動性，吾人隨事隨物，只要當下一反而逆覺其心，便可悟
得良知之正。然而，雙江不解此義，不從此一路徑來掌握「隨事隨物」以「致
知格物」的義理意涵，而對「物上求正」有一己的詮釋。在雙江的觀念中，
從「隨事隨物」來用功，是不穩當的，因為，若是事物是可用功的對象，代
表此時事物為良知之發用，乃靈昭不昧，但若此時事物乃靈昭不昧者，又何
須為學呢？進一步，如果強而使之如此，又有助長之害；如果養之而後能如
此，則工夫便在別處。前者談的是致知工夫不同於思慮安排的問題；後者談
的則是雙江所主之論，即存養性體的工夫。

因此可知，雙江所謂的「隨事隨物」與陽明所言乃是不對等的概念，陽
明旨在說明「隨事隨物精察此心之天理，以致其本然之良知」〔註44〕之義，
重視在感應酬酢之間，精察良心之明覺，進而擴而充之，使良知天理呈顯於
事用之間。反觀雙江，順從其反對「以知覺為良知」與反對「即於知覺以致
知」的基本立場出發，而強調現實中的知覺（意）、事物（物），皆後於良知
本體，為良知之發，故不能成為用功著力處，進而重申其回到本體處用功的
觀念。〔註45〕可見雙江的說法的確與陽明不一致。然而若再深究，雖然雙江
對陽明「格物」之旨有所誤解，但這是否便代表雙江「格物」之論與陽明說
法完全排斥呢？筆者認為，或許不盡如此。雙江云：

竊以孔門之學，一以貫之，孔之一即堯舜相傳之中。中者，心之本
體，非《大學》之至善乎？致知者，止至善之全功；格物者，止至
善之妙用；意也者，感於物而生於知者也。誠言其順，格言其化，
致言其寂也。……乃若必謂格物為求之於事物之間，則曾子之隨事

〔註43〕見〈寄劉兩峰〉，《雙江聶先生文集》卷之八，頁410上。

〔註44〕見《傳習錄》第一三七條。

〔註45〕此處亦可見到雙江以存養工夫來說明本體工夫，故可發現雙江所謂的本體工
夫，並非憑空懸蕩的工夫，而具有實際的內涵，這部分的問題，將在下一節
中進行討論。

精察，子貢之多學而識是也，夫子呼而告之，不已贅乎。於是著爲
〈臆説〉，蓋將以質諸四方之君子，緣此爲受教之地也。僭妄之罪，
夫復何辭。〔註46〕

又云：

格物者，致知之功用，物各付物，感而遂通天下之故，何思何慮，
後天而奉天時也，如好好色而惡惡臭之類是也，此予之説也。格其
不正以歸於正，乃是陽明師爲下學反正之漸，故爲是不得已之詞。
所謂不正者，亦指夫意之所及者而言，非謂本體有不正也，不善體
者往往賺入夫襲取科臼，無故爲伯學張一赤幟，此予之憂也。予固
盡其説以正之，雖未嘗與先生面訂，而知先生必以予言爲然，不然
何以曰：「良知是未發之中，廓然太公底本體。」又曰：「致知焉盡
之矣，乃若致知則存夫心悟。」是故知先生以予言爲然，精思而實
體之。〔註47〕

由上兩條引文中可以發現，雙江對於己説與陽明的殊異問題，並非毫無意識，
但雙江仍然篤信「格物」乃「致知」工夫後所達致之效用，「格物」處無工夫，
並認爲陽明亦當認同自己的説法，其原因何在？筆者認爲，可由陽明學説本
身獲得答案。前文已云，在陽明的詮釋下，「誠意」、「致知」、「格物」雖然皆
爲工夫，但實際上皆集中在「致知」一義上，因此「誠意」的工夫意涵乃消
融在「致知」工夫裡，惟有「致知」方能點明工夫之眞切處，如此一來，「誠
意」工夫義不顯，反顯境界義。同樣地，在陽明的詮釋下，「格物」也面臨了
同樣的情況，「致知在格物」，若以嚴格看待，「格物」亦像是「致知」的成效，
不像與「致知」齊等的工夫。陽明云：

若鄙人所謂致知格物者，致吾心之良知於事事物物也。吾心之良知，
即所謂天理也。致吾心良知之天理於事事物物，則事事物物皆得其
理矣。致吾心之良知者，致知也。事事物物皆得其理者，格物也。
是合心與理而爲一者也。〔註48〕

「致知」乃「致吾心之良知」，「格物」乃「事事物物皆得其理」，從分析的角
度來看，「致知」爲物格之因，「格物」爲致知之果，因此，若説「格物」處

〔註46〕見〈大學古本臆説序〉，《雙江聶先生文集》卷之三，頁281上。
〔註47〕見〈答宗子益問學〉，《雙江聶先生文集》卷之八，頁401上～下。
〔註48〕見《傳習錄》第一三五條。

無工夫，亦是可有之論。然而，在陽明的義理系統中，「格物」除了以效驗言之外，還多賦予了另一層意涵，亦即「事上磨練」、「必有事焉」，陽明云：「隨時就事上致其良知，便是『格物』。」〔註49〕陽明以知是知非契入良知，故言致良知必落於事事物物上來說，不能離卻事事物物之外，而另有一個致知工夫存在，這強調了即於倫常日用，當下逆覺的實踐。雙江於論「格物」處，無法論及這層意涵，故也因此被批為「脫略事為，類於禪悟」〔註50〕。

然而，若觀雙江文集，可以發現，雙江實際上並未取消「事上磨練」、「必有事焉」的修養態度。雙江云：

> 來諭於事物上作些工夫，隨處體察，良是良是，乃吾輩進步第一著，不可少者。但云隨處體察，不知從事事物物上體之察之耶？抑於事物上體察吾心之本體耶？〔註51〕

> 由是知先師之意，蓋言動於欲而後有不善，隨事隨物惟格吾本體之不善，則天下之動無不善也，非謂不善在事也。何如？〔註52〕

可以明白，雙江並非反對「隨處體認天理」，而是反對陷溺在對於現實事物的體察上，而忽略了吾人基於現實事物，所應當體認者，乃是吾心之本體，亦即良知之天理，因此，所謂的「格其不正以歸於正」的「格物」之說，格的對象並非現實事物之善或不善，吾人所應當格者，乃在於心之本體，心之本體得其正，則現實事物無有不正，皆為其合理之存在，在此之下，「格物」又關連至「致知」之上，若「致知」工夫施行無礙，則亦無須再補入「格物」的概念，「格物」又回復到其單純的效驗身分。

綜上所論，雙江論「格物」時，強調現實事物乃本體之發用，不能加以著力，而工夫惟有回到本體處，來用「致知」之功，知致之後，自能物各付物，感而遂通，此便是「格物」。如此來說的「格物」乃是工夫後之效驗，而本身無工夫可作。並且，通過分析可以發現，雙江並沒有取消「事上磨練」的實踐態度，雙江認為，所謂的「事上磨練」，非指體察事物之善惡，而是指於事物之上體察吾心之天理，這樣的工夫，正即是「致知」。如此一來，「格物」所蘊含的即於倫常日用間的實踐態度，便被吸納在「致知」工夫當中，而雙江對於「格物」之詮解，實可容納於陽明的義理系統中。

〔註49〕見《傳習錄》第一八七條。
〔註50〕見黃宗羲，《明儒學案》，《黃宗羲全集》第七冊卷十七，頁427。
〔註51〕見〈答王林許檢憲三章・一〉，《雙江聶先生文集》卷之八，頁396上。
〔註52〕〈答歐陽南野・三〉，《雙江文集》，卷八，頁392。

第三節　歸寂工夫的實際意涵

據上文之討論，雙江以「歸寂」釋「致知」，認為「致知」乃「充極其虛靈之本體，而不以一毫意欲自蔽」，並且又以「知止」釋「致知」，認為「致知」乃「知至善而止之」。在工夫論的意義上，前者顯示出向內返的用功方向，工夫在於「充極」本體，使之無意欲遮蔽；後者則提出自覺其性的工夫主張，表現了不假外求的實踐精神，而這兩方面的工夫論主張，實皆源自其歸寂工夫論。因此，在對雙江與陽明工夫論的同異有初步了解之後，本節將進一步討論雙江歸寂工夫的實際意涵。

一、先天立本之學

筆者認為，雙江主張歸寂工夫，當在強調先天立本之學〔註53〕。雙江云：「若資聞見之善惡，以為吾心之勸懲，則已落在第二義。」〔註54〕又云：「立本之學，邇來何似？《傳習錄》中自有的確公案可查，不可以其論統體、景象、效驗、感應、變化處俱作工夫看，未有不著在支節，而脫卻本原者。」〔註55〕皆在表明對第一義工夫之追求。蓋在雙江的觀念中，良知為體，知覺為用，良知與知覺之間存在體用區別，不容混淆，在此之下，若工夫落在意念知覺上，用為善去惡的工夫，那麼隨著意念知覺之生起無窮，吾人亦將作無窮之追尋，如此一來，工夫將永遠落在意念知覺之後一著，成為「第二義」的工夫。因此，雙江認為，吾人若要用功，便應當回到本體處來用，回歸本原之地以立體，體立而用自生，方能保證工夫施措之確實無虞。此種先天立本之學的工夫主張，目的在於脫卻經驗之干擾，致得超越之本體，而這正是儒家成德之教的本質工夫。

對於此先天立本之學的意涵，雙江常通過「體認未發氣象」、「常存本來

〔註53〕關於雙江主於先天立體之學的工夫特色，在前人研究成果中，便已對林月惠教授的說法做出簡要的說明。除了當時的說法之外，林月惠教授亦曾提到：「……王門諸子中已有人察覺到：若未悟得良知本體，而僅在意念上為善去惡，則可能造成善念、惡念紛起交雜，意念憧憧，翻騰無窮，如明道所言『將見滅於東而生於西』，欲根終難斷除。在這個意義下的『誠意』工夫，只在念起念滅上著力，終究悟不得本體，工夫已落第二義。因此，除非正『心』（心體），否則就無法保證『意』之誠。換言之，致知工夫的關鍵處在『正心』，而在『心體』上用功的『立體』（見體）工夫已經呼之欲出！」（見林月惠，《良知學的轉折：聶雙江與羅念菴思想之研究》，頁590～591。）

〔註54〕見〈答戴伯常〉，《雙江聶先生文集》卷之十，頁438上。

〔註55〕見〈答歐陽南野太史三首・二〉，《雙江聶先生文集》卷之八，頁390上。

面目」等說法來表述之。雙江云：

> 體認未發氣象分明，則發時走作，便自有轉頭處。人得天地之中以
> 生，中是心之本體，故識得本來面目，不爲動處所擾。佛經所謂「信
> 手拈來，頭頭是道。」白沙云：「物物信他本來，何用爾手勞腳擾？」
> 以高明之資，又能隨時隨處反身而觀，不患不入定靜闐奧，此是堯
> 舜相傳以來正法眼藏。〔註56〕

前文已云，雙江以「未發之中」釋「良知」，「未發」非指經驗層中，相對於
「已發」之情而言的「未發」之情；而是指超越層中，作爲超越之根據而言
的「未發」本體。因此，此處所言的「未發氣象」，亦特指超越之本體，而非
僅在於指情感尚未呈顯之狀態、面貌。換言之，所謂「體認未發氣象」，正是
「體認未發之中」，亦即「求中」〔註57〕、「致中」〔註58〕等涵義，雙江認爲，
此是工夫的樞機，工夫於此施用得當，則發用時若有放縱踰越的情況，便自
能有所改變。此處可以清楚見到雙江對於超越本體的追求，欲點明直截立體
的第一義工夫，其云：「《中庸》之學，先天也；物格而後知致者，後天也。」
〔註59〕亦正是此義。

　　同時，雙江以「未發氣象」、「本來面目」來形容本體的狀態，亦突顯了
本體的純粹性，爲「天然自有」〔註60〕、「不著聲臭」〔註61〕者。故吾人若要

〔註56〕 見〈答戴伯常〉，《雙江聶先生文集》卷之十，頁443下。

〔註57〕 雙江云：「後世不知求中於未發，而即事以求乎中，卜度擬量，密陷於義外之襲
而不自知，流而爲五霸之假，又流而爲記誦詞章之俗，於是有五霸之辨，俗學
正學之分。」（見〈重修養正書院記〉，《雙江聶先生文集》卷之五，頁327上。）
又云：「中是天然自有，寂然不動的本體，由此而發，則事事物物無不中節，便
是恰好處，而乃欲求中於應接之際，恐於精一允執之意，不相爲謀。」（見〈答
戴伯常〉，《雙江聶先生文集》卷之十，頁475上。）皆在談此「求中」工夫。

〔註58〕 雙江云：「今曰：『未發非時也，言乎心之體也。』猶云：『喜怒哀樂之本體，
謂之中也。』誠若是，則致中焉止矣，乃謂中非體也，致中非功也，而於致
中之外別提出一箇獨知爲頭腦，而於子思之意微有不協。」（見〈答歐陽南野・
三〉，《雙江聶先生文集》卷之八，頁392上。）又云：「予之所謂內者，未發
之中，而發斯外也。知發之爲外，則知以知覺爲良知者，非內也。是故致中
者，學之至也，先天而天弗違也，致中而和出焉，後天而奉天時也，奉天時
行，感而遂通天下之故，是之謂不學不慮，未之或知也。」（見〈送王惟中歸
泉州序〉，《雙江聶先生文集》卷之四，頁296下。）皆在談此「致中」工夫。

〔註59〕 見〈送王惟中歸泉州序〉，《雙江聶先生文集》卷之四，頁296下。

〔註60〕 雙江云：「自生理之澄湛、天然自有、萬物皆備而言，謂之中。」（見〈答王
林許檢憲三章・二〉，《雙江聶先生文集》卷之八，頁397下。）

〔註61〕 雙江云：「蓋中者，天然自有，不著聲臭。」（見〈辯中〉，《雙江聶先生文集》

致得此純粹之體，便不能有所強力造作，當任其自然，反身以觀，此語雖似帶有道家味道，然而實際上是爲儒家義理系統中，屬於「超越的逆覺體証」一系下的看法。並且，雙江認爲，此「體認未發氣象」、「常存本來面目」的工夫主張，實與陽明之說相同：

> 先生云：「良知是未發之中，寂然大公的本體，便自能感而遂通，便自能物來順應。」又曰：「未發之中，常人俱有，體用一原，體立而用自生，有未發之中，便有發而中節之和。」又曰：「隨物而格，致知之功，即佛氏之『常惺惺』，亦只是常存他本來面目。」是數語，乃《錄》中正法眼藏，《學》、《庸》要領也。〔註62〕

> 先師云：「隨物而格，是致知之功，即佛氏之『常惺惺』，只是識取他本來面目。」又曰：「格物，如格其君心之格，是去其心之不正，以全其本體之正。」本體之正，非未發之中乎？本來面目是也。〔註63〕

而雖然雙江強調此第一義工夫，但並非代表致得此未發之中，便能一了百當。雙江反對以知覺爲良知，正欲提高良知作爲一根據本體的超越地位，並確保工夫不致流爲蕩肆，表現出十分嚴肅的道德立場，在此之下，「體認未發氣象」、「常存本來面目」雖然點明了成聖工夫的本質所在，但工夫之完成，仍有賴徹底的實踐。雙江云：

> 夫體得未發氣象，便是識取本來面目。敬以持之，常存而不失，則自此而發者自然中節，而感通之道備矣。前謂萬化攸基，蓋專指感通言也。故靜養一段工夫更無歇手處，靜此養，動亦此養，除此更別無養。除此而別有所養者，未有不流而爲助長之宋人也。動靜無心，內外兩忘，不見有炯然之體，此是靜養工夫到熟處，不可預期，預期則反爲所養之害。何如？〔註64〕

可以明白，若要讓歸寂工夫能夠徹底貫徹於吾人生命中，還需通過兩方面來完成：一是敬持存養，體認未發之中並存養之，使之不失卻，如此是將歸寂工夫置放於持續的歷程中，保持工夫的無間斷。另一是勿忘勿助，存養工夫至圓熟處，則須加以勿忘勿助之功，泯除動靜、內外之分，雖存養其體，卻

卷之十四，頁 557 下。）
〔註62〕見〈贈王學正之宿遷序〉，《雙江聶先生文集》卷之四，頁 306 下。
〔註63〕見〈答張浮峰二首・二〉，《雙江聶先生文集》卷之九，頁 433 下～434 上。
〔註64〕見〈答歐陽南野・三〉，《雙江聶先生文集》卷之八，頁 395 下。

化除體相，無復見體，如此才能使未發之中全然朗現，而無助長之病與預期之害。至於敬持存養與勿忘勿助的工夫內涵分別爲何，進入下文之討論。

二、敬持存養

針對「敬持存養」的工夫主張，雙江云：

> 存者，言收斂只在一處，不放逸也。養者，言下卻種子，而灌溉壅培以養之，無間乎立本之功也。敬也、恕也、恭也、忠也，皆吾寂體自然之節，均之謂禮也。非禮勿視聽言動者言，非寂體之視聽言動，勿視聽言動也。故致知者，致其寂體之知，養其虛靈，一物不著，感而遂通天下之故，即格物也。夫視聽言動而禮也，出門使民而敬也，勿施於人而恕也，居處與人而恭也忠也，均之爲吾寂體之應有，以通天下之故者，是謂致知在格物也。何如？〔註65〕

依照雙江對於存養的定義，存者，指收斂而無放失；養者，指下落種子並培灌之。存者、養者皆就立本工夫而言，立本工夫當以存養本體爲主，使良知本體呈顯並存養之，本體確立之後，心中便會生起自然之節度，如敬、恕、恭、忠等德行條目，此四者既爲節度，便均謂之禮，可作爲視、聽、言、動等人生一切行事的規範準則，有此節度、準則，則自能應對天下一切事物。可以明白，在雙江，存養工夫意指在心上確立法則，以供作爲吾人舉動行事的衡量判準，因此，就其確立大本的工夫意義而言，存養工夫乃是一種本質工夫。

雙江進一步將存養工夫關連至「致知格物」上來討論，「致知」即指存養本體之虛靈，使心之本體，不著一物，亦即不使本體受到物欲之遮蔽；而「格物」則爲感而遂通天下之故，意指於個人修養上，視聽言動皆依循於禮；於應事接物上，表現敬恕恭忠的德性，換言之，「格物」乃遂通之效驗，表示在個人修養與應事接物上，皆能合於寂體自然之節度。可以發現，存養工夫實際上便構成了雙江歸寂思想的內涵。

此一存養工夫的意涵，乃源自於《孟子》，孟子曰：

> 盡其心者，知其性也；知其性，則知天矣。存其心，養其性，所以事天也。殀壽不貳，修身以俟之，所以立命也。〔註66〕

此段文字充分展示了孟子性善與內聖工夫的思想，就其討論重心的不同，此

〔註65〕見〈答歐陽南野・三〉，《雙江聶先生文集》卷之八，頁393上。
〔註66〕見《孟子・盡心上》一。

段文字可以分爲三個部分來看，其中「存其心，養其性，所以事天也。」一段，便是雙江存養工夫的來源依據。按照楊祖漢老師的理解，所謂「存心」，即「常使此心存在腔子裡，而不使它放失。」〔註67〕而所謂「養性」，即「涵養本有之善性，而不戕害之謂，養而不害，使可己性保持得完完全全，純然不雜，能如此便已到聖賢地步了。」〔註68〕換言之，「存心」談的是察識本心，「養性」談的是涵養其性，「存心」、「養性」實處在同一工夫歷程中，用功之對象皆落在「心」處，當吾人察覺本心放失之當下，實際上便是本心之呈現，吾人要於此時時刻刻提撕警覺，將本心的發用擴而充之，不使本心受到私欲的牽引而有所虧歉，如此便是「存心」；而順此本心去行動，將本心的呼喚、要求徹底實踐出來，便能回過頭來潤養人之本性，使人之本性能保持其原初純粹而完善的狀態，無有雜染，此便是「養性」。可以發現，「存心」與「養性」二者雖各有所重，然意義實相通。

必須注意的是，若將「存心養性以事天」與「盡心知性以知天」相比較，則發現二者表現出的工夫特點，存在些許差異。在「盡心知性以知天」處，是由盡心來了解人之所以爲人的本性，再由了解人之所以爲人的本性，進而去了解天道的意義所在，換言之，盡心活動之當下，便是天道價值之呈顯，故工夫在於由主觀的實踐活動，來推至客觀的天道活動。然而，在「存心養性以事天」處，則是將心、性預設在有距離的狀態，亦即將人、天預設在相對分立的狀態，故工夫在於存養心性，並盡己所能地擴充之、充極之，以求趨近於天理、天道。可以發現，「盡心知性以知天」突顯的是人自發自覺的道德主體意識，而「存心養性以事天」突顯的是人爲一有限存有的感性身分限制。在前者，強調人成德的理想性，而在後者，則強調天道的莊嚴性，二者的工夫特點雖有差異，但實際上爲孟子工夫論內涵之一體兩面，同指向儒家成德之教的本質所在，並且，若再仔細分析，惟有在「存心養性以事天」之下，「盡心知性以知天」方能成立，故若要談工夫，當落在「存心養性以事天」處來談。〔註69〕

〔註67〕見楊祖漢，《孟子義理疏解》，頁 12。

〔註68〕見楊祖漢，《孟子義理疏解》，頁 12。

〔註69〕楊祖漢老師提到：「有了存養的工夫，然後本心才可以時刻呈現而無私欲的夾雜，故存心養性事天可以說是使盡心知性知天能夠可能的工夫，有了前者的工夫，後者方能眞實呈現，故兩者可以說是一事之兩面。」見楊祖漢，《孟子義理疏解》，頁 13。關於《孟子》「盡心知性知天」章的相關理解，均參考楊祖漢老師的說法，見楊祖漢，《孟子義理疏解》，頁 5～22。

　　承上文之分析，反觀雙江說法，雙江云：「存者，言收斂只在一處，不放逸也。養者，言下卻種子，而灌溉壅培以養之，無間乎立本之功也。」實表現了孟子「存心養性以事天」的工夫意涵，工夫在於求立本心，不使放失；涵養本性，不使雜染。本體確立之後，心中便有所主，私欲亦便不能干擾遮蔽，故本體發用自能順應天下之故。因此，雙江言存養工夫，的確能直契儒家成德之教的本質。

　　雙江又云：

> 盡也，知也，存也，養也，修身也，其功一也，亦非二也，要之只是盡吾心焉已耳。盡心云者，即《中庸》之盡性也，然已盡之心不存，則盡者有時而或塞；已知之性不養，則知者有時而或昏。存者，盡之繼；養者，知之篤。存心養性，一陟一降，在帝左右，所以事天也。〔註70〕

雙江認為，《孟子》文句中提到的「盡」、「知」、「存」、「養」、「修身」似為不同的工夫主張，但實際上只是一種，若統言之，便只是「盡心」一事。並且，雙江進一步將將孟子「盡心」與《中庸》「盡性」關連起來，說明若無「存」的工夫，則已盡之心時而或塞；若無「養」的工夫，則已知之性時而或昏，因此，工夫當須講至「存」、「養」，以「繼」、「篤」的實踐來確保本體的持續呈顯，由此才能穩住「盡心」、「知性」，亦才能談「立命」。〔註71〕

　　綜上所論，雙江言存養工夫，一方面顯示，雙江看到人的生命隨時有下墮的可能性，故本體確立之後，並非便能一勞永逸，更要存之、養之，肯定工夫積累的重要性與必要性；另一方面亦顯示了，雙江對於人之有限性和天道之超越性的重視，故通過「存心養性」的工夫，使人不斷向上拔升，逐漸趨近於天道，透顯出對於天道的戒懼心情，與嚴肅自持的修養態度。通過以上兩點的考慮，方能讓歸寂工夫具體落實在實踐當中。

三、勿忘勿助

　　前文已提到，雙江曾與陽明針對「勿忘勿助」之功進行書信討論〔註72〕，

〔註70〕見〈啟陽明先生〉，《雙江聶先生文集》卷之八，頁387下。

〔註71〕雙江云：「至於殀壽之來，一惟存心養性以俟之，無所恐懼、疑惑以貳其心焉，則是以義為命，命由此立也。」（見〈啟陽明先生〉，《雙江聶先生文集》卷之八，頁387下～388上。）

〔註72〕關於雙江與陽明的討論，主要有兩處文獻，一是《雙江聶先生文集》中的〈啟

從兩人的對談中，可以了解雙江對於「勿忘勿助」的理解，並掌握到雙江歸寂工夫的內涵與特色。

雙江感於其自身修養的實際體驗，格外重視「勿忘勿助」。雙江云：

> 近來非僻諸念，稍稍裁抑，惟暴怒之氣時復妄發。當其怒時，自以為義，然已不覺其為怒所遷，而有所忿憤，何啻千里？始信集義之功，不忘則助，甚難為力。〔註73〕

雙江提到，近日從事修養，雖已能制止非僻之心，但當暴怒之時，卻常「自以為義」，不覺當下意念已為怒氣所遮蔽，發心動念皆乃有所忿憤，如此一來，實與修養之事差之遠矣。雙江深感此「自以為義」之病，而體認到工夫不惟在於「集義」，更要施以「勿忘勿助」之功，才能確保工夫的穩當。由此可知，在雙江觀念中，「勿忘勿助」是相當重要的一段工夫。

此一「勿忘勿助」的工夫意涵，源出於《孟子》：

> 「敢問何謂浩然之氣？」曰：「難言也，其為氣也，至大至剛，以直養而無害，則塞于天地之間。其為氣也，配義與道；無是，餒矣。是集義所生者，非義襲而取之也。行有不慊於心，則餒矣。我故曰，告子未嘗知義，以其外之也。必有事焉而勿正，心勿忘，勿助長也。無若宋人然，宋人有閔其苗之不長而揠之者，芒芒然歸，謂其人曰：『今日病矣，予助苗長矣。』其子趨而往視之，苗則槁矣。天下之不助苗長者寡矣。以為無益而舍之者，不耘苗者也；助之長者，揠苗者也。非徒無益，而又害之。」〔註74〕

此處要談的是，如何直養生命中的浩然正氣，使之能配義與道。孟子認為，關鍵便在於「必有事焉」上時時「集義」，使事事物物皆合於義，並且，此義不假外求，乃從自家胸中流出，若行有不慊於心，則氣餒，無法充而為浩然正氣。而養氣即當以「集義」為要，勿忘其事，勿期其效，若不能做到勿忘勿助長，不但不能善養其氣，反而害之。

對於孟子談論「勿忘勿助」的意旨，陽明掌握的十分貼切。陽明云：

> 近歲來山中講學者，往往多說勿忘勿助工夫甚難。問之，則云才著意便是助，才不著意便是忘，所以甚難。區區因問之云：忘是忘箇

　　陽明先生〉，另一是《傳習錄》中的〈答聶文蔚〉、〈答聶文蔚二〉。

〔註73〕見〈啓陽明先生〉，《雙江聶先生文集》卷之八，頁386上。

〔註74〕見《孟子・公孫丑下》。

甚麼？著是著箇甚麼？其人默然無對。始請問。區區因與說我此間
講學，卻只說箇必有事焉，不說勿忘勿助。必有事焉者，只是時時
去集義。若時時去用必有事的工夫，而或有時間斷，此便是忘了，
即須勿忘。時時去用必有事的工夫，而或有時欲速求效，此便是助
了，即須勿助。其工夫全在必有事焉上用。勿忘勿助，只就其間提
撕警覺而已。若是工夫原不間斷，即不須更說勿忘。原不欲速求效，
即不須更說勿助。此其工夫何等明白簡易！何等灑脫自在！今卻不
去必有事上用工，而乃懸空守著一箇勿忘勿助。此如燒鍋煮飯，鍋
內不曾漬米下水，而乃專去添柴放火，吾恐火候未及調停，而鍋已
先破裂矣。近日一種專在勿忘勿助上用工者，其病正是如此。終日
懸空去做箇勿忘，又懸空去作箇勿助。漭漭蕩蕩，全無實落下手處，
究竟工夫只作箇沉空守寂，學成一箇癡騃漢，才遇些子事來，即便
牽滯紛擾，不復能經綸宰制。此皆有志之士，而乃使之勞苦纏縛，
擔閣一生，皆由學術誤人之故，其可憫矣。〔註75〕

這一段長文，實際上是在批評白沙。白沙「以勿忘勿助之間為體認之則」，陽
明則認為功夫只能用於「必有事焉」上，而不能說另外有一個「勿忘勿助」
的功夫，「勿忘勿助」應只是「必有事焉」的輔助。吾人時時用功於事上，若
有時間斷，便是「忘」了，此時便須「勿忘」；而吾人時時用功於事上，若有
時欲求快速顯效，便是「助」了，此時便須「勿助」，在此之下，「勿忘勿
助」只是「提撕警覺」，倘若吾人既不間斷，亦不求速效，那麼便不必談「勿忘勿
助」，只須在「必有事焉」上用功即可，而這也正是陽明「致知」的核心要旨。
蓋陽明以知是知非契入良知，故言致良知必落於事事物物上來說，不能離開
事事物物，而另外提出一段致良知的工夫，這強調了即於倫常日用，當下逆
覺的具體實踐。陽明亦以「燒鍋煮飯」為喻，說明工夫若離開事事物物，不
在「必有事焉」上用功，而專以「勿忘勿助」為工夫，則便缺少了切實下手
處，工夫將流於寂空。

陽明進一步云：

夫必有事焉，只是集義。集義只是致良知。說集義，則一時未見頭
腦，說致良知即當下便有實地步可用工。故區區專說致良知。隨時

〔註75〕見〈答聶文蔚‧二〉，《傳習錄》第一八六條。

就事上致其良知，便是格物。著實去致良知，便是誠意。著實致其
良知，而無一毫意必固我，便是正心。著實致良知，則自無忘之病；
無一毫意必固我，則自無助之病。故說格致誠正，則不必更說箇忘
助。〔註76〕

陽明認爲，「必有事焉」的工夫，即是「集義」，亦即是「致良知」，在此之下，
「勿忘勿助」並非工夫，而是用功時自該達到的狀態。一方面，若能篤實地
去實踐，則自無忘；另一方面，若能不雜私欲地去實踐，則自無助。前者要
求的是不間斷的工夫歷程，後者要求的是眞實無妄的反求其心，兩者合而便
是陽明「致良知」的核心要旨。由此可知陽明是將「勿忘勿助」扣緊「集義」
來談的，工夫惟在「集義」，「勿忘勿助」不能算是工夫，甚至嚴格說來，若
是吾人將「勿忘勿助」視爲用功所在，則會使工夫消無。筆者認爲，陽明如
此來談「勿忘勿助」，很能彰顯「致良知」在事中顯、在致中復的工夫性格。
　　反觀雙江對於「勿忘勿助」的理解，則似乎另有考慮。雙江云：

是故君子無意於逆億與先覺也，而惟以窮理之功，勿忘勿助。不能
窮理以覺人，而爲人所罔者，忘也；惟恐人之罔己，而馳志於億逆
者，助也。忘則不明，助則不誠，不誠不明，離道遠矣，是故先生
要之以誠也。〔註77〕

在此處，雙江引用了儒家典籍中的概念，來談「勿忘勿助」之功。《論語》說
道：「不逆詐，不億不信，抑亦先覺者，是賢乎？」〔註78〕根據朱子的解法，
「逆億」，指未至而迎之、未見而意之，即事物對象尚未來到，卻已預先懷抱
迎接的心態；事物對象尚未得見，卻已對之心有意向。「先覺」，指人不逆不
億，卻能對人情之虛實眞假，自然先覺。〔註79〕可以明白，在《論語》處所
要表達的是，不逆不意，卻能自然先覺者，便是賢人。但在雙江處，意思稍
轉，雙江不惟以「不逆詐，不億不信」來談工夫，〔註80〕並且雙江更將「先

<hr>

〔註76〕見〈答聶文蔚・二〉，《傳習錄》第一八七條。
〔註77〕見〈啓陽明先生〉，《雙江聶先生文集》卷之八，頁387上。
〔註78〕見《論語・憲問第十四》第三十三條。《論語註疏》：「正義曰：此章戒人不可
　　　　逆料人之詐，不可億度人之不信也。」
〔註79〕《論語集注》：「逆，未至而迎之也。億，未見而意之也。詐，謂人欺己。不
　　　　信，謂人疑己。抑，反語辭。言雖不逆不億，而於人之情僞，自然先覺，乃
　　　　爲賢也。」
〔註80〕對此「逆億」的弊病，雙江曾批評道：「未至而迎，既往而留，當應而有所偏

覺」亦視作應當對治的毛病，認為君子當「無意於逆億與先覺」，工夫惟在窮理，心有此工夫定向，則能「勿忘勿助」，無忘助之害，最末，雙江亦以「誠」來表現此實踐熟化之境界。

雙江又云：

> 後世所謂隨事精察，而不知其密陷於憧憧卜度之私，禁之而使不發者，是又逆其生生之機，助之而使之發者，長欲恣情，蹈於水火焚溺而不顧，又其下者也。〔註81〕

陽明言「致良知」便是要強調「隨事精察」，「知之真切篤實處即是行，行之明覺精察處便是知」〔註82〕，道德實踐必定不是憑空尋求、懸空思索，而是即於倫常日用的修養踐履。而雙江則是關注於「隨事精察」可能引來的毛病，強調不能即於事事物物上用勿忘勿助之功，否則便會流於逆生機、長情慾之弊。由此可知，雙江對於「勿忘勿助」的討論，不同於孟子、陽明強調「必有事焉」、「即事磨練」的工夫性格，而在於強調化除意念造作，消解人心私欲的干擾，惟勿忘、勿助，才能誠、能明，真正成就道德實踐。雙江云：「稍有一毫計功謀利之念，便是欲。必有事焉，而勿正，勿忘，勿助長，正得先難後獲之旨。」〔註83〕亦正是此義。

綜上所論，雙江主張歸寂工夫，主要在強調先天立本之學，認為良知與知覺之間存在體用區別，故工夫應當回歸本原之地以立體，方能保證工夫施措之確實無虞，其目的在於脫卻經驗之干擾，致得超越之本體。雙江以「未發氣象」、「本來面目」來形容此本體的狀態，又以「體認未發氣象」、「常存本來面目」來說明先天立本之學的意涵。且雙江通過持敬存養與勿忘勿助工夫主張，保證了工夫的持續性，並照應了工夫之圓熟化境，如此一來，便能保證歸寂工夫的有效性，能夠徹底施用，使超越之本體全幅朗現於吾人生命之中，此即是雙江言歸寂工夫最核心的意義所在。

重，均謂之有所。」（見〈答戴伯常〉（即幽居答述），《雙江聶先生文集》卷之十，頁463上。）

〔註81〕見黃宗羲，《黃宗羲全集》第七冊明儒學案卷十七，頁424。

〔註82〕見〈答顧東橋書〉，《傳習錄》第一三三條。

〔註83〕見〈答戴伯常〉（即幽居答述），《雙江聶先生文集》卷之十，頁458下。

第四章　由雙江對《易》卦之詮解探其
　　　　思想內蘊

　　本章承繼於雙江良知觀與工夫論的分析與討論之後，主要希望從另外一個面向，即雙江對《易》之詮解，切入以進一步綜合考察雙江歸寂思想。在目前學界對於雙江思想的研究中，主要關注於雙江反對以知覺爲良知，以及以未發之中釋良知的議題，並且多著眼在雙江與龍溪、南野等王門諸子的辯論上，在這些方面的研究，牟宗三先生、唐君毅先生，以及蔡仁厚先生等，皆已有深入的辨析與表達，而這些議題也於前文中作了適當處理。然而，筆者認爲，在雙江文獻中另外還有一部分論述，是關於雙江對《易》的理解與詮釋，在這部分的論述當中，亦展現了豐思的思想內涵，相當值得深入研究。

　　林月惠教授在《良知學的轉折：聶雙江與羅念菴思想之研究》一書中，將雙江對於《易傳》的學習參究歸爲歸寂說的緣起原因之一，並認爲雙江對於《易傳》的詮釋，偏重在艮卦䷳、復卦䷗與咸卦䷞之義。艮卦在於彰顯本體是至靜之性體，而艮之「止」具有退處潛藏之義，是知其所止，止於當止之所，也就是「寂然不動」之體上；復卦在於點出人能學，故與禽獸有別，而工夫則在養攝虛靜之體，勿以助長爲擴充工夫；咸卦旨在「立感應之體」，本體惟其虛寂而能通感，故工夫當歸復於本體，勿求思慮之憧憧。綜合起來，林教授認爲，雙江乃是以其歸寂說的想法來理解《易傳》，特重良知虛寂的本體義，與良知對感的主宰義，工夫主於歸寂以求本體，通感爲其效驗，著不得力。〔註1〕筆者認爲，林教授的分析十分順暢，且與雙江的整體學說有很好

────────────────────

〔註1〕參見林月惠，《良知學的轉折：聶雙江與羅念菴思想之研究》。

的呼應，十分值得參考，但其書內容博大，研究議題不限於此，故關於雙江對《易》的詮解這部分的實際論述則顯得較少。

吳震教授在《聶豹、羅洪先評傳》一書中，對於雙江主靜、致虛、歸寂的學說主張，有豐富且仔細的分析，雖然書中並沒有針對雙江對《易》的詮解有直接的論述，然而，書中在討論「歸寂」一詞來歷、區分寂感內外，以及主靜思想的形成時，皆提到雙江對《易》的吸收，這些部分均具有參考價值。〔註2〕

筆者在此特別想要提出討論的是，臺灣鍾彩鈞教授〈聶雙江《困辯錄》的詮釋〉一篇文章。這篇文章提到，《困辯錄》乃雙江晚年老成之作，可作為其思想之定位。在本體論方面，雙江以寂然不動、感而遂通之寂體來形容本體，著重在超越的性體義，且此性體是天命之性，亦是心之本體，乃現實人生的絕對起點，人要存養此心體，使心體在萬感萬應中作得主。在工夫論方面，則進一步指出存養心體的工夫，即「戒慎恐懼」的工夫，雙江以艮卦䷳、坤卦䷁、乾卦䷀來表現此工夫意涵。艮卦有修德之象，代表堅固自持的實踐態度，並且雙江釋艮卦時，提出絕對靜止的性體，性體惟永遠寂止，現實世界才能常感常行。坤卦有順之德，表現了謙退的工夫態度，人要退藏以靜養，退開紛紜的動靜世界，回歸至本體處，而於「至靜之時」便能養出一切端倪。乾卦有健之德，而健不僅為性體之狀態，亦是現實之工夫，表現了人須自強不息以努力，才能與天德相符。在雙江觀念中，艮卦又可總括三卦，因此鍾教授認為，雙江的工夫論主張實際上可歸為一致，也就是主靜的工夫，即「人以天命之性為依據，通過戒慎恐懼的心地工夫，而達到內外合一、天德流行的境界。」〔註3〕而這也正是其歸寂說的思想主張。〔註4〕

筆者認為，鍾教授的這篇文章切合於文獻來立論，論點有據，分析也十分深入，提出的觀點極具參考價值。從這篇文章中可以了解到，雙江對《易》的理解與詮釋，與其所主張的歸寂思想，乃是相互為應的，故藉由分析雙江對《易》詮解的論述，實可對其思想之內涵有更豐富的了解，這正是筆者在本中所要深入討論的地方。然而在另一方面，這篇文章所引用的文獻，只集中在《困辯錄》，而不及文集它處的豐富研究材料；並且，這篇文章的研究乃是順著《困辯錄》的文獻來分析，如此雖有很好的見解，但較不能展現雙江

〔註2〕參見吳震，《聶豹、羅洪先評傳》。
〔註3〕見鍾彩鈞，〈聶雙江《困辯錄》的詮釋〉。
〔註4〕參見鍾彩鈞，〈聶雙江《困辯錄》的詮釋〉。

整體性的思想架構，因此，這兩點便是筆者在本節中想要進一步處理的地方。

回到雙江文獻本身，可以發現，雙江對《易》的研究，重心並不在於疏解訓詁，而是在義理闡揚上，故雙江並未對整部《易》有全面的訓解，而是擇取其認為具有義理價值的數卦來加以詮解。雙江曾說道：「吾夫子於咸卦，盡發其蘊，故曰：『觀其所感，而天地萬物之情可見矣。』此其來歷較大。《學》、《庸》首章，備之矣。參之於大《易》之咸、艮、坤、復之間，則立象之意，可一目而盡之。」〔註5〕其中特別提到咸、艮、坤、復四卦，並且若參看雙江整部文獻，可以發現，這四卦在其學說中，的確具有格外重要的地位，值得深入討論。其中對於復卦，雙江云：

> 復生於坤，震出乎艮，巽辨於井，其旨微矣。〔註6〕
>
> 聖人立象以盡意，合坤與震而成卦，名之曰復，其旨微矣。〔註7〕
>
> 蓋動靜無時，而思無邪，乃所以常主夫靜也。故曰，復其見天地之心，而艮之所以為止也。〔註8〕

可見雙江對復卦的詮解，乃是繫於前三卦之上來立論，通過復卦所得到的義理闡發，實際上可以包含在前三卦的討論範圍之中，故本文將以前三卦作為討論對象，以求探討雙江思想之內涵。

第一節　詮解咸卦：虛寂以立感應之體

雙江在詮釋咸卦䷜時，表達了其本體思想，並在此本體思想下，提出了其特殊之工夫論。首先談本體思想。雙江的本體思想乃以性為首出，此性體乃現實一切感應之超越根據，與現實一切感應存在著體用的區別，性體為形而上之天理，感應為形而下之發用，惟有在性體之主宰下，一切感應才能有合理之發用。雙江認為，咸卦中的「感應之體」正是指此性體：

> 夫子本咸之體德，探虛寂之蘊，以立感應之體。體用一原，體立而用自生。乃謂寂不足以盡感，而必即感為寂，乃為真寂，此僕之所未解也。若謂寂由感而生乎？實所以主夫感也。〔註9〕

〔註5〕見〈答唐荊川太史二首‧二〉，《雙江聶先生文集》卷之八，頁413上。

〔註6〕見〈答歐陽南野太史三首‧二〉，《雙江聶先生文集》卷之八，頁390下。

〔註7〕見〈答東廓鄒司成四首‧一〉，《雙江聶先生文集》卷之八，頁404下。

〔註8〕見〈答戴伯常〉，《雙江聶先生文集》卷之十，頁442下。

〔註9〕見〈答何吉陽〉，《雙江聶先生文集》卷之九，頁431下。

照卦辭字面意義來看，「咸，亨利貞，取女吉。」咸卦談的是婚媾之事，即夫妻
關係，而《彖》曰：「咸，感也。柔上而剛下，二氣感應而相與。止而說，男下
女，是以亨利貞，取女吉也。天地感而萬物化生，聖人感人心而天下和平。觀
其所感，而天地萬物之情可見矣。」由此可知，凡天地萬物之化生，人世倫常
之建立皆被涵攝在內，因此，咸卦的「感」可泛指自然現實與人文社會的一切
感應。雙江在詮釋咸卦時，其關注的不是感應本身，而是特重於感應之上的絕
對本體，亦即「感應之體」，並且，雙江以「虛寂」來指涉此感應之體的實際意
涵。雙江認爲，人爲現實之存有，人生一切活動充滿了感應，不可離卻，但人
若要超拔於氣化流行之上，活出理想的人格生命，則須明白感應之上，存在著
寂然之體，以爲感應之依歸，人惟有回到此本體處來用功，使寂體成爲生命的
主宰，使體立而用自生，感應自然能順暢無礙地發用出來。相反地，若是以爲
感應爲本體所發，而直接即於感應處來求體，則是有問題的。對此，雙江云：

> 夫天下之感，皆生於寂，以感爲塵而一於寂者，禪也；不寂而感者，
> 妄也。妄則爲拇，爲腓，爲股，爲朋從，爲輔、頰、舌，凶吝之招
> 也。惟貞則吉，脢則無悔。止而說，則亨且利。止者，寂之舍也；
> 脢者，寂之體也；貞者，寂之道也。〔註10〕

在雙江觀念中，一方面，寂爲體，感爲用，就體用間存在著異層差異而言，
體用爲二；另一方面，一切感應皆源生於寂，以寂爲根據，就用中有體作爲
主宰而言，體用一源。在這種情況下，無論是斷離感應以歸於寂，抑或是不
立寂體而求於感，這兩種作法皆不爲雙江所認同，雙江以初六、六二、九三、
九四、九五、上六的爻辭詮釋來說明之。「初六，咸其拇。」拇，足大指。初
六爲最下爻，拇屬於足，足未進，拇亦不能進，此時感而未深。〔註11〕「六
二，咸其腓，凶，居吉。」腓，足肚。人欲行則腓先動，有躁進之凶象，當
以守靜爲宜。〔註12〕「九三，咸其股，執其隨，往吝。」股，隨足而動，不
能自專者。足欲動，則股亦隨之而動，九三不能自守，只能跟隨初六、六二

〔註10〕見〈答何吉陽〉，《雙江聶先生文集》卷之九，頁431上～下。

〔註11〕《周易本義》云：「拇，足大指也。《咸》以人身取象，感於最下，咸拇之象
也。感之尚淺，欲進未能，故不言吉凶。此卦雖主於感，然六卦皆宜靜而不
宜動也。」見《朱子全書》（一），頁59。

〔註12〕《周易本義》云：「腓，足肚也。欲行而先自動，躁妄而不能固守者也。二當
其處，又以陰柔不能固守，故取其象。然有中正之德，能居其所，故其占動
凶而靜吉也。」見《朱子全書》（一），頁59。

而動，往將致吝。〔註13〕「九四，貞吉悔亡，憧憧往來，朋從爾思。」九四以陽剛居陰位，本是失正而悔，但若得貞為戒，不累於私感，則能得正無悔。〔註14〕「九五，咸其脢，無悔。」脢，背肉，不能感物，無所私繫，而九五處於適當，故無悔。〔註15〕「上六，咸其輔頰舌。」輔、頰、舌三者合而為言語的工具，上六為兌之主，又為咸之極，故有凶象。〔註16〕

雙江云：「妄則為拇，為腓，為股，為朋從，為輔、頰、舌，凶吝之招也。」，蓋認為咸卦六爻取象於人身，以人身上不同階段之動，來表達受感而任意妄動，將招致禍亂的意思。如此解釋咸卦實受到朱子很大的影響，雙江曾引用《周易本義》：「於咸又曰：『此卦雖主於感，然六爻皆宜靜不宜動。』」〔註17〕來談咸卦，可見雙江特別看重「宜靜」的觀念，並將之關連到其主靜思想上。雙江認為，感應乃人生之現實，且是寂體表現之所在，人若是斷滅感應，與現實截然割裂，便成為禪佛之流；但人亦不能遷從感應，只在感應流行上打轉，如此將招致凶吝，若以王學的義理脈絡而言，亦即發生隨物變遷，源情流注的流弊。因此，工夫的關鍵點便在於「惟貞則吉，脢則無悔」，去除人心之私，主於寂體之正。雙江以「止」、「脢」、「貞」來規定此寂體的內涵，皆在表示人惟有不為私心私感所累，以寂體作為活動之根據，才能得正得吉。其云：「咸卦要機，只在止與虛，貞於脢。致戒於憧憧，凶吝於腓股。」〔註18〕也正是此義。

可以補充的是，針對咸卦的詮解，龍溪與雙江曾發生了論辯，二人主要的歧異在於兩處。首先，是關於體用的問題。雙江曾記載道龍溪的來書云：

〔註13〕《周易本義》云：「股，隨足而動，不能自專者也。執者，主當持守之意，下二爻皆欲動者，三亦不能自守而隨之，往則吝矣。故其象占如此。」見《朱子全書》（一），頁59。

〔註14〕《周易本義》云：「九四，居股之上，脢之下，又當三陽之中，心之象，咸之主也。心之感物，當正而固，乃得其理。今九四乃以陽居陰，為失其正而不能固。故因占設戒，以為能正而固，則吉而悔亡；若憧憧往來，不能正固，而累於私感，則但其朋類從之，不復能及遠矣。」見《朱子全書》（一），頁59。

〔註15〕《周易本義》云：「脢，背肉，在心上而相背，不能感物而无私系。九五，適當其處，故取其象，而戒占者以能如是，則雖不能感物，而亦可以無悔也。」見《朱子全書》（一），頁60。

〔註16〕《周易本義》云：「輔、頰、舌皆所以言者，而在身之上。上六，以陰居說之終，處感之極，感人以言而无其實。又兌為口舌，故其象如此，凶咎可知。」見《朱子全書》（一），頁60。

〔註17〕見〈心經分註疑問〉，《雙江聶先生文集》卷之十，頁476下。

〔註18〕見〈答陳履旋給舍〉，《雙江聶先生文集》卷之九，頁435下。

> 龍溪云:「公謂夫子於咸卦提出虛寂二字以立感應之本,本卦德之『止
> 而說』以發其蘊,是矣。……自然之覺即是虛,即是寂,即是無形
> 與聲,即是虛明不動之體,即爲《易》之蘊。致者,致此而已;守
> 者,守此而已;視聽於無者,視聽此而已;主宰者,主宰此而已。
> 止則爲感之專,悅則應之至,不離應感而常寂然,故曰:『觀其所感,
> 而天地萬物之情可見。』……〔註19〕

這段敘述中可知,龍溪的說法也是立論於「感應之體」上,但龍溪認爲,感
應之體本身固然是不睹聞、無聲臭的虛寂之體,但感應之體本身亦是自然感
應之明覺,本體處即是工夫處,本體不離感應而常寂常感,不須再別求一寂
然之體以作爲主宰。對此,雙江則是回應道:

> 其曰:『不離應感而常寂然』,則寂爲感應之根,明矣。常寂常應而
> 往來不窮,而後天地萬物之情可見。〔註20〕

面對龍溪的質疑,雙江仍是持守己見,認爲感應之體乃是感應之根據,與感
應實具有體用之別,惟本體虛寂,感應才能往來無窮。依據龍溪與雙江二人
之論辯作進一步分析,筆者認爲,雙江離用求體,龍溪即用求體,二人的體
用思想似乎皆由工夫義上來說,但若再細分,二人的工夫重心實有差異。雙
江重視體的超越性,故說體用有別,在此之下,保證了道德實踐之必要,人
永遠處在工夫的歷程中,向上追求理想之體;龍溪則重視體的遍在性,故說
體用渾一,在此之下,保證了道德實踐之圓滿,人活動之當下即是天理之呈
現,從而確保道德實踐不會落空。然而,若再進一步問,何種工夫型態較爲
符合儒家學旨呢?筆者認爲,這問題或許可從「該如何看待『人』此一身份」
上來得到回答,但此問題又牽涉更廣,此處先暫時不論。

再者,針對咸卦的詮解,龍溪與雙江在闢佛問題上,也發生了歧異。在
雙江對咸卦的詮解中,表現出其闢佛的想法。雙江云:

> 夫子於咸卦特地提出虛寂二字以立感應之本,而以至神贊之,蓋本
> 卦德之『止而說』以發其蘊。二氏得之而絕念,吾儒得之以通感,
> 毫釐千里之差,又自可見。」〔註21〕

在本文開頭已經提到,雙江雖師承陽明,但其非從知善知惡之一念靈明來契

〔註19〕見〈答王龍溪〉,《雙江聶先生文集》卷之十一,頁492上。
〔註20〕見〈答王龍溪〉,《雙江聶先生文集》卷之十一,頁492下。
〔註21〕見〈答王龍溪〉,《雙江聶先生文集》卷之十一,頁479上。

入良知，而是以虛寂本體來詮釋，這種說法在當時引起王門諸子的不少批評，而從雙江對咸卦的詮解中，可以對這些批評給予一些回應。在雙江觀念中，佛老斷絕感應，離棄世間，這種修養方式的確存在著離動主靜，脫略事爲的毛病，然而，其自身所主張的虛寂本體乃是根據「感應之體」的說法而來，虛寂是就本體而言，並非就用上而言，本體寂然不動，爲一切感應之根據，一切感應皆因本體確立，方能有合理通達的表現，換言之，虛寂之體並非取消了感應之用，相反地，正因虛寂之體確立，才能感而遂通，發而中節，不使感應流爲妄動。雙江對咸卦六爻之詮解，表達的皆是此義。

而龍溪依照自身對於咸卦的不同詮解，則是認爲咸卦六爻並非全在表達闢佛思想，相反地，咸卦九五之爻乃是指佛家而言。雙江記載道：

> 龍溪云：……五爲脢，不能感物，以其無所思係，故得無悔，此便
> 是後世佛氏之學，以其不能通於天地萬物知情，故曰「志末」，言所
> 志者小也。〔註22〕

龍溪認爲九五之所以無悔，乃因取消了感應，與現實世間無所連繫，不能通答於天地萬物，而這正是指佛家之學。而雙江回應道：

> 咸脢便是「艮其背」，便是「悅而止」。自有天地以來，未有一個無
> 私係之心，而反不能感物者，除是一塊死肉，便行有不慊於心，不
> 慊於心便是悔，如何又曰「無悔」？先儒以末字訓無字，無所私係
> 便是「志末」，亦屬扭合。本文以「不能感物」爲「志末」，而遂斷
> 其爲佛學，咸六〔註23〕、五不暴之冤也。〔註24〕

雙江認爲九五咸其脢非指佛家之流，而是指寂體，咸其脢所要表達的是立體工夫，以寂體作爲生命活動之根據，則能無悔。由龍溪與雙江的不同意見，透顯了二人思想之不同。龍溪判九五爲佛家，乃因其「不能感物，無所思係」，故可知龍溪討論闢佛問題時，是就用功時有無取消感應來立論。雙江判九五

〔註22〕見〈答王龍溪〉，《雙江聶先生文集》卷之十一，頁499下。

〔註23〕雙江記載道：「龍溪云：……六爲輔、頰、舌處，悅之終，感之極，便是後世講解之學，故曰『滕口說也』……。」可知龍溪與雙江對於上六也存在不同見解。雙江認爲咸卦六爻的精神是一貫的，重點皆在表達主靜思想，而龍溪則認爲上六乃專指講解之學而言。筆者認爲，由「不暴之冤」一句便可知道，雙江是反對龍溪說法的，但雙江在此並沒有確切的回應，故筆者在此不予深論。不過需要補充的是，在反對講解之學，或是反對「見聞思辨之功」的主張上，雙江的態度實際上與龍溪並無二轍。

〔註24〕見〈答王龍溪〉，《雙江聶先生文集》卷之十一，頁499下。

指寂體，乃因其能排除人私，使感應主於寂體之正，故可知雙江討論關佛問題時，是就體立之後是否能通於感應來立論。這理便顯示出二人思想之差異，而差異的原因又回到二人成德工夫的不同意見上。龍溪強調良知見成，工夫即在感應上去作，通過事上磨練，來致得良知，故在龍溪處，從有無取消感應來用功，便可談儒佛之辨。而雙江則強調體用有別，工夫不能即於感應知覺而作，故雙江不能如龍溪一般，從有無取消感應來談儒佛之辨，而是從是否能通感來談儒佛之辨。筆者認爲，雙江是個現實感很強的儒者，雙江之所以重視通感，並以通感來關佛，正出於其對於現實倫常的關懷，雙江云：

> 夫天下之事，感與應而已矣。故父子相感而後有慈孝之應，君臣相感而後有仁敬之應，昆弟相感而後有友恭之應。感〔註25〕於朋友、感於夫婦，而爲信、爲別。要皆吾性之靈之所發，性所同也。宜其感物而神應者無不同，而乃有不同者，人有學不學。即學矣，而徒以不識乎心之體，至於誤己誤人者，亦多矣。……歸也，致也，靈之所聚也，是故艮以止言，咸以虛言，寂以感言。寂以通天下之感，虛以應天下之妙，止以研天下之慮。〔註26〕

可見雙江雖主張離用求體，但非斷絕感應倫常，相反地，雙江正欲彰顯倫常中蘊藏之性理，故要去除私欲遮蔽，歸寂以求心之本體，體立而自能發用無礙，使天下百感千慮皆能得其正之表現。

綜上所言，咸卦雖主於感，但雙江在詮解咸卦時，則聚焦在感應之體上。感應之體是超越之性體，亦即形上之理，爲現實一切存在的根據，也是現實一切創生之根源。而感應則是現實之發用，亦即形下之氣，若無寂體作爲其中主宰，則將時常流於妄動。因此，吾人若要致得本體，並不能即於感應處求，必須回到本體處來用功，其具體的工夫意涵便是去除人私之蔽，讓本體呈顯於心，體立之後，發用自然無不得其正，一切感應也因此得到道德意義上存在之保證。

第二節　詮解艮卦：於止知其所止

咸卦主於感，雙江對其加以詮釋發揮，關連到其所主張的虛寂思想上。

〔註25〕原文並無「感」字，疑脫落而補之。
〔註26〕見〈贈周以道分教青陽〉，《雙江聶先生文集》卷之四，頁304下～305上。

相較於咸卦之迂迴解說，雙江於艮卦則是直取「止」義，直接點出無思無欲
的至善之體，與存養性體的修德工夫。雙江釋艮卦云：

> 蓋艮以一陽止於二陰之上，陰陽有淑慝之分，上下有消長之機。欲
> 以理勝，人以天定。又兩山連互，屹然不動，艮之象也。艮體篤實，
> 有三義。自修德言之爲凝畜，自復命言之爲歸宿，自過欲言之爲止
> 畜。故曰：「艮以止之。」又曰：「終萬物，始萬物者，莫盛乎艮。」
> 艮之時義大矣哉！君子以寂然不動立人極焉，過欲於未萌，養善於
> 未發。〔註27〕

在這段文字中，雙江是以艮卦之象來說明君子的修德工夫。艮，止也。〔註28〕
艮卦主「止」之義，艮卦一陽止於二陰之上，雙江以此來談存天理、去人欲
的成德工夫，並且艮卦以山爲象，兩山連互而屹立不動，既象徵寂然不動之
超越本體，亦表現堅固自持的修德態度，故艮的本體義在表現出其爲天地萬
物終始之根據，而艮的工夫義則在表現「止」的工夫意涵。所謂「止」的工
夫，在雙江的理解中，乃是「過欲於未萌，養善於未發」，可以發現，這事實
上便是雙江所主張的存養本體的工夫。

雙江詮解「艮其背，不獲其身。行其庭，不見其人，無咎。」道：

> 背，無思無欲，其不睹不聞之地乎？於止知其所止，則廓然大公。
> 內焉忘夫有我之私，故內不見己；外焉天地萬物皆我也，故外不見
> 人。凡體皆動，惟背爲止。然五臟非背不附，而百體之津潤以之，
> 靜以制動也。時止時行者，常寂常感，常應常止。所過者化，所存
> 者神。上下與天地同流，故曰光明，何咎之有？〔註29〕

「背」乃自身不得見之地，且「背」不隨人身之動而動，永遠是處在靜止的
狀態中，故雙江以「背」來表示不睹不聞之體，而「艮其背」之所以「無咎」，
其關鍵便是「於止知其所止」，止其所當止，在雙江，即是以體爲止之義。以
體爲止，則向內無復見私心干擾，此心純乎天理，故不見己；向外無復見物
我之別，天地與我合一，故外不見人。在雙江觀念中，「凡體皆動，惟背爲止」，
現實世界永遠處在動的狀態，無有靜止之時，這是必然的自然現象，不可解
消。然而如何從動態的現實拔超而出，躍至一理想的狀態？雙江認爲，便是

〔註27〕見〈辯易〉，《雙江聶先生文集》卷之十四，頁560下。
〔註28〕見《說卦傳》。
〔註29〕見〈辯易〉，《雙江聶先生文集》卷之十四，頁561上。

要止於至靜之地，惟有立足於此，才能以靜制動，時止時行，讓動態的現實與至靜本體同在，常寂常感，常應常止，性理得能遍潤周行於天地之間，成就光明的理想世界。

雙江也引《大學》來輔助說明艮止之義，雙江云：

> 無思無欲，至善之地。知止者，止乎此也。止乎此，而後謂之知。止、定、靜、安，最好體認未發氣象。定言其不惑，見之的也；靜言其不動，養之密也；安言其常久不易，守之固也；慮言其明覺自然，無所作也。凡天下言安者，莫若山；言定靜者，亦莫若山。山體虛，故能與澤通氣，爲雨雲以潤澤天下。故天下之言有者，皆生於虛；言動者，皆生於靜；言感者，皆生於寂。〔註30〕

雙江詮解艮卦，主要表達止其所當止、以體爲止的想法。在這段引文中，雙江進一步將止於體的意涵與《大學》中「知止」的概念連結起來，對於以體爲止的意涵有了更豐富的解析。知止者，止乎此，即止乎性體，雙江也以「體認未發氣象」來表達這種工夫意涵。「定」，見之的也，雙江云：「前定者，知止也，知止則定靜安慮，一以貫之，大本立而達道行矣。」〔註31〕故知，「定」即是「止」，爲吾人所當止之定向、定則，有此定向、定則，則能不惑。「靜」，養之密也，即是洗心藏密的存養工夫。「安」，守之固也，雙江云：「虛寂便是體，虛寂之外別無體。致守便是功，致守之外別無功。」〔註32〕又云：「致虛守寂，方是不睹不聞之學，歸根復命之要。」〔註33〕故知「守」代表了歸致工夫，也就是存養性體的工夫，「安」則言此工夫施用之堅固。可以發現，定、靜、安三者所指涉的意涵，實際上是相通的，皆可收攝在知止一義上，皆在點明存養性體的工夫。筆者認爲，比較特別的應當屬「慮」。「慮」，言其明覺自然，無所作也，在雙江思想中，是反對即用求體、反對以知覺爲良知的，但這並不代表雙江主張成德工夫當與感應知覺隔絕開來，雙江所力辨的，乃是性體的超越性與純粹性，感應知覺則屬於已發之氣，存在著妄動的可能性，而若能止於體，以性體作爲感應的主宰依據，在此之下，由性體發用而出的一切感應，則是自然明覺無疑。天下之有皆源生於虛，天下之動皆源生於動，天下之感皆源生於寂，指的正是此義。

〔註30〕見〈辯易〉，《雙江聶先生文集》卷之十四，頁 561 上。
〔註31〕見〈答林許檢憲三章·一〉，《雙江聶先生文集》卷之八，頁 396 下。
〔註32〕見〈答陳履旋給捨〉，《雙江聶先生文集》卷之九，頁 435～436。
〔註33〕見〈答王龍溪〉，《雙江聶先生文集》卷之十一，頁 478～479。

雙江解釋「兼山，艮，君子以思不出其位。」時道：

> 位之所值不同，然大行不加，窮居不損，分定故也。分定便是思不
> 出其位。文王緝熙敬止，而君臣父子，上下四旁，各得其所止，是
> 謂不出。故曰：「艮其止，止其所也。」是以不獲其身，行其庭，不
> 見其人，故無咎。〔註34〕

兼山，指的是艮卦上下都是山，君子觀此兩山之象，而思不出其位。此處比
較難解的是「思不出其位」，根據《正義》，「君子以思不出其位」表達各止其
所之義，故君子於此時，思慮所及，皆不出己位。〔註35〕筆者認為，這是就
君子實際活動來談的詮釋，「思」乃君子之思慮，「位」乃君子所值之位，君
子在此能止其所當止之所，故凡思慮所及，皆能不踰越己位。

雙江的詮釋則有所不同。雙江認為位隨所值不同，而有不同之位，然若
其中有「分定」為行動之依據，則雖大行而能不加，雖窮居而能不損。雙江
此語典出《孟子》：

> 廣土眾民，君子欲之，所樂不存焉。中天下而立，定四海之民，君
> 子樂之，所性不存焉。君子所性，雖大行不加焉，雖窮居不損焉，
> 分定故也。君子所性，仁義禮智根於心；其生色也，睟然見於面，
> 盎於背，施於四體，四體不言而喻。〔註36〕

孟子此段要談的是，得到廣土眾民以施展抱負，是君子所欲，但君子所樂不
在於此；以德王天下，使四海之民安定，是君子所樂，但君子之性不在於此。
何以之故？乃因君子之性即為仁義禮智之理，其性本身便有絕對的價值，並
非為外在的世間功業所決定，儘管能施展抱負，也不會增加其性理，即便是
窮困潦倒，也不會損貶其性理，君子以內在之善性，便充分決定了理想的生
命活動，展現美好的生命姿態，這便是君子之分定、本分，亦即君子之天命
所在。〔註37〕

雙江引用《孟子》此段來詮解「君子以思不出其位」，可知雙江所理解的

〔註34〕見〈辯易〉，《雙江聶先生文集》卷之十四，頁561下。

〔註35〕《周易正義》云：「『兼山艮』者，兩山義重，謂之兼山也。直置一山，已能
鎮止，今兩山重疊，止義彌大，故曰兼山，艮也。『君子以思不出其位』者，
止之為義，各止其所。故君子於此之時，思慮所及，不出其己位也。」見《周
易正義》，載於《十三經注疏分段標點》（一），頁436。

〔註36〕見《孟子·盡心上》二一。

〔註37〕參見楊祖漢老師等，《孟子義理疏解》。

「位」乃是現實人生當中的不同情狀，而人之所以得能不受現實干擾，乃因人有「分定」之故，此「分定」亦即是「思不出其位」，人之行事活動皆有性理作爲主宰根據，便能止其所止，便是不出其位。若仔細比較，雙江的理解語孟子原意似有不同。孟子言「君子之性」，此性不爲別的，正是吾人之本心，而本心活動之當下便是性理的呈現，也是天命之所在，故可知孟子重在強調本心的自發活動與絕對價值。而雙江亦言「分定」，此「分定」是「艮」、是「止」、是「思不出其位」，也就是性體本身，人歸致此本體，以本體爲活動根據，則能止於其位，故可知雙江重在強調本體的超越存在與無礙發用。換言之，在孟子處，心即是性，工夫只在「求其放心」；而在雙江處，心與性預設在有別之狀態，工夫在於歸寂，「充滿吾心虛靈本體之量」〔註38〕，才能心性合一，「感而遂通天下之故」〔註39〕。由此可以了解，雙江對「思不出其位」的詮解，事實上也是與其歸寂主張關連在一起的。

另外，也可從其與龍溪之論辯，來了解雙江對「思不出其位」的詮解。雙江記載道：

> 龍溪云：「《大傳》『天下何思何慮』，曰『殊途』，曰『百慮』，未嘗無感，未嘗無思慮也，然卻同歸一致，正是感上歸寂之功。何思何慮，猶云思慮而未嘗有所思慮也。何思何慮，正是工夫，非以效言也。艮之象曰：『君子以思不出其位』，心之官以思爲職，何思何慮，正是不出位之思，正是止其所而寂，出其位即爲廢職，入於憧憧矣。……」〔註40〕

雙江回應云：

> 以「何思何慮」爲工夫，則「精義入神」是何物？「天下何思何慮」，正言感應之機瞬息萬變，如何著得分毫思慮？故曰：「咸，速也。」迅霆不及掩耳，而猶暇於思慮乎？而不免有所思慮者，要在歸於致處。曰「歸」、曰「致」，便是精義，便是寂體，便是蠖屈龍蟄。日月寒暑之往來，何嘗有些子思慮？故曰：「未之或知也。」其曰：「思慮而未嘗有所思慮」，似非本旨。「思不出位」便是度不越閾，如兼

〔註38〕見〈答歐陽南野太史三首‧三〉，《雙江聶先生文集》卷之八，頁396上。
〔註39〕見〈答歐陽南野太史三首‧三〉，《雙江聶先生文集》卷之八，頁396上。
〔註40〕見〈答王龍溪〉，《雙江聶先生文集》卷之十一，頁499上～500上。

山然，靜而止也。周子曰：「艮其背，背非見也；靜則止，止非爲也，
爲不止矣。」蓋言有所作爲，便是出位。〔註41〕

綜上所言，筆者認爲，在雙江對於艮卦的詮解中，所顯發的思想是與其對咸
卦的詮解相通一致的。咸卦由感處立言，艮卦由體處理言，兩卦意義皆在於
提出一寂然不動，不睹不聞之性體，此性體在咸卦處爲脢，在艮卦處爲艮；
而吾人若要作成德工夫，則當存天理，去人欲，用功於摒除私欲，涵養性體，
此工夫意涵在咸卦處爲貞，在艮卦處爲止，貫串起來，實際上正是雙江歸寂
說的思想。

第三節　詮解坤卦：直方是本體，敬義是工夫

雙江云：

> 蓋中者，天然自有，不著聲臭，未發之前，本體寂然，中涵太虛，
> 是則靜爲動根，坤之所以爲復也；及其發而中節，不犯人爲，是則
> 動根於靜，艮之所以止其所也。〔註42〕

雙江學說以體用區分作爲出發立場，未發之中爲體，此體天然自有，不睹不
聞，寂然不動，中涵太虛，乃現實一切感應之根源，故說靜爲動根。發而中
節爲用，此用非思慮營欲之感應，而是工夫後之效驗，乃感而遂通之發用，
此用中有體作爲主宰，故說動根於靜。前者以坤卦言之，後者以艮卦言之，
兩者實際上是出於同一思維，但比較起來，艮卦處較偏重於談論人的實踐，
點出本源工夫的路向與內涵；坤卦處則較偏重談論道體的創生，進一步藉由
道體的創生力量，提供了人實踐之動力來源。

雙江詮釋坤卦道：

> 商尚質，故其學尚坤。收斂歸藏，性情之實。蓋坤卦六數皆偶，上
> 下皆坤，虛之極，靜之至，順之純也。虛者，藏之量；靜者，藏之
> 體；順者，藏之機。博也，厚也，其象爲地。載華嶽而不重，振河
> 海而不洩，萬物載焉，故曰養萬物者，莫善乎坤。又曰：「坤以藏之」，
> 又曰：「致役乎坤」，言萬物爲坤所役，歸而藏之，養之道也。君子

〔註41〕見〈答王龍溪〉，《雙江聶先生文集》卷之十一，頁500上。
〔註42〕見〈辯中〉，《雙江聶先生文集》卷之十四，頁557下。

以洗心退藏於密，身備萬物而退然不居，悉有重善而容貌若愚，致
虛守寂而未發。坤道其順乎？〔註43〕

坤卦由上下兩個三卦的坤重疊而成，《說卦傳》中提到：「坤以藏之」、「致役
於坤」、「坤也者，地也，萬物皆致養也。」、「坤，地也。」、「坤地也，故稱
乎母。」〔註44〕，皆在表達坤以柔順之德及深厚之勢，生養萬物，含載萬物，
使萬物得到滋養而生生不息的意思。在這段文字中，雙江藉坤之柔順來表示
性體虛、靜、順三種性質，並在性體諸性質之上，提出「歸藏」工夫。性體
虛，故能為工夫之負載容納；性體靜，故能為工夫之本體根據；性體順，故
能為工夫之發機端倪，這三句話皆在表達同一旨意，即，「歸藏」工夫之成立，
端繫於性體之虛、靜、順上，亦即由於性體能虛、能靜、能順，故能保證「歸
藏」工夫之有效，並為吾人所應當施用。而此「歸藏」工夫，便是「洗心藏
密」，亦是雙江主張的「致虛守寂」。

　　前已論及，雙江所主張的「歸寂」，乃是存天理、去人欲的成德工夫，吾
人要拔超於現實感應之上，去除人心思欲的干擾，存養未發之性體。而這種
工夫型態，實不顯陽明言心即理的活動意義。在陽明，良知良能即是本心之
明覺，本心明覺的當下，便有沛然的動力產生，要求人依本心之覺去實踐，
據此反觀雙江所言，雙江雖主張去私和存養，但卻反對良知現成，如此一來，
便缺乏了要求實踐的動力。針對雙江學說此一缺陷，筆者認為，或許可從雙
江言「敬義」來得到補償。雙江釋六二爻辭：「六二，直方大，不習無不利。」、
《象傳》：「六二之動，直以方也。不習無不利，地道光也。」，以及《文言》：
「直其正也，方其義也，君子敬以直內，義以方外，敬義立而德不孤。『直方
大，不習無不利。』則不宜其所行也。」時道：

六二，柔順中正，得坤道之純者。本體自然曰直，物各得宜曰方。
敬則私意無所容而大本立，義則發中節而達道行，內直則外無不方，
故曰：「六二之動，直以方也。」直以方則不疑其所行，地道光也。
敬義夾持，直上達天德自此，故曰「不孤」，言其盛大而光明也。程
子曰：釋氏敬以直內則有之，而無義以方外。既無義以方外，要之
敬以直內亦不是。敬義立而德不孤，儒釋之辯也。內直便是未發之
中，直方是本體，敬義是工夫。〔註45〕

〔註43〕見〈辯易〉，《雙江聶先生文集》卷之十四，頁561下。
〔註44〕見《說卦傳》。
〔註45〕見〈辯易〉，《雙江聶先生文集》卷之十四，頁562上～下。

六二以陰爻居陰位，故居中得正位，最能彰顯坤卦的特點。若按照《本義》的理解，「直」為柔順正固，「方」為賦形有定，「大」為德合無疆，表示君子之德，內直外方而盛大，不待學習而無不利，顯示坤之地道的廣大。〔註46〕這是六二爻辭大抵上所要表現的義理思想。而雙江對於六二爻辭的詮釋則是相當特殊的。若按照前文對其學說的理解，雙江主張體用區分，體立而用自生，故工夫乃用在體處，用處乃工夫後之效驗。據此分析雙江此段詮釋，「直」乃本體自然，表明了本體無雜染的超越性格，故謂「直」是本體，並無問題。「方」乃物各得宜，表明本體確立之後，自然能通暢發用到萬事萬物上，使物各得其宜，顯其正當合理的存在價值，在此情況下，體即用，用即體，體用渾一，故謂「方」是本體，亦無問題。「敬」乃私意無所容而大本立，表明吾人應於心上作去私的工夫，使心之本體顯立，故謂「敬」是工夫，可以理解。

　　較困難的是「義」。「義」乃發中節而達道行，表明的應是工夫之效驗，與「方」的意義相同，然雙江卻將「義」與「敬」一般俱作工夫看待，令人疑惑。鍾彩鈞教授曾提到這種情況：

> 雙江指出由體達用，外物是自然合道，體處有工夫，而用處為效驗。
> 義是效驗，為何稱為工夫呢？雙江釋「用六，利永貞」云：「六者，陰之變數。利永貞者，變而不失其常，順而健者也。」（卷2，頁6
> 下）雖說義是發而中節，但其中已包含了守常順義的工夫。〔註47〕

鍾教授認為，「義」雖談發中節之效驗，但亦包含守常順健〔註48〕的工夫，故而雙江稱「義」為工夫。此說法乃根據雙江對用六的詮釋而來，用六談的是坤卦用占爻變的問題，在義理上發揮了坤道當順乾道為正，才得永貞的意思，〔註49〕《象傳》：「用六永貞，以大終也。」則進一步談到乾始坤終，坤惟順

〔註46〕《周易本義》云：「柔順正固，坤之直也。賦形有定，坤之方也。德合无疆，坤之大也。六二柔順而中正，又得坤道之純者。故其德內直外方而又盛大，不待學習而無不利。占者有其德，則其占如是也。」見《朱子全書》（一），頁33。

〔註47〕見鍾彩鈞，〈聶雙江《困辯錄》的詮釋〉，頁10。

〔註48〕根據鍾教授的引文，筆者猜測「順義」乃「順健」之筆誤。

〔註49〕《周易本義》云：「用六，言凡得陰爻者，皆用六而不用八。亦通例也。以此卦純陰而居首，故發之。遇此卦而六爻俱變者，其占如此辭。蓋陰柔不能固守，變而為陽，則能永貞矣。故戒占者以利永貞，即乾之利貞也。自《坤》而變，故不足於大亨云。」見《朱子全書》（一），頁33。

乾得永貞，才能化育萬物，終成造化。鍾教授所指的順健工夫，或許正是就乾卦九三爻辭「君子終日乾乾，夕惕若。」的戒懼修德工夫而言，並且鍾教授進一步認為，此是於未發、已發處皆有的戒慎恐懼的工夫，乃「合本體的工夫」。

若觀察雙江言論，可以知道戒懼工夫在其學說中的確具有重要的地位：

> 蓋今之學者氣輕質柔，不耐持久，纔說戒懼，便已畏縮。不知乾乾惕厲，周公亦本乾九三性體而言，蓋性體本自戒懼也，才頹墮便失性體。〔註50〕

> 《易》曰：「剛健而不陷，其義不困窮也。」自生知安行以下皆然。既曰戒懼，又曰不睹聞，則戒懼不著於有，不睹聞亦不著於無。必有事焉而勿正，心勿忘、勿助長，用之不勤，綿綿若存，此丹爐火候，而因藥發病，醫家亦有過劑之戒。〔註51〕

然筆者認為，「義」固然可關連至戒懼工夫，而產生豐富的義理內涵，但「義」乃「發中節而大道行」，並且雙江以「義以方外」來談儒釋之辨，因此「義」所強調的應當是立體之後，將體之發用推廣至事物之上的工夫，此工夫或許可以《大學》「絜矩」來相比擬。雙江關懷現實，重視倫常，其雖常云「體立而用自生」，用處當著不得力，但用仍是吾人必須維繫保全的，為君子修德的內涵之一。在此之下，用處便有了工夫，即「義」的工夫。雙江云：

> 知之發莫非物也，如曰好惡，曰忿懥恐懼、好樂憂懼、好樂憂患，曰親愛、賤惡、畏敬、哀矜、傲惰，曰孝、弟、慈，曰老老、長長、卹孤，曰理財、用人、絜矩與不能絜矩之類，是皆所謂物也。聖人不過於物，好惡之必自慊也。忿懥恐懼、好樂憂患之得其正也；親愛、賤惡、畏敬、哀矜、傲惰之協于則也；孝、弟、慈之成教於國也；老老、長長、幼幼、推而至理財、用人、絜矩以通天下之情也，夫是之謂格物。……而世之論格物者，必謂博極乎事物之理。信如是，則孔門之求仁，孟子之集義，《中庸》之慎獨，顧皆不及乎格物矣。〔註52〕

「絜矩」本言天子治天下之道，若放在儒家成德之教的脈絡下，則有陽明所

〔註50〕見〈辯中〉，《雙江聶先生文集》卷之十四，頁556下。
〔註51〕見〈辯中〉，《雙江聶先生文集》卷之十四，頁556下。
〔註52〕見〈重刻大學古本序〉，《雙江聶先生文集》卷之三，頁278下。

云：「致吾心良知之『天理』於事事物物，則事事物物皆得其理矣。」〔註53〕
的義理意義。故可知，雙江藉由「義」之工夫，可將體之理良好地發用出去，
給予人倫事用之相應對待，而從主體的相應對待中，進一步能彰顯出人倫事
用的道德價值，使物各得其理。物各得其理，也就是物各得其宜，此即是「方」。
根據以上的分析，或許可對雙江言「義是工夫」一論述有所理解。

　　雙江在詮釋坤卦時，也為道德實踐提供了動力來源。雙江認為，道德實
踐的力量乃涵蘊在性體之中，雙江云：

> 至靜之時，雖無所知所覺之事，而能知能覺者自在，是即純坤不為
> 無陽之象。……靜中養出端倪，冷灰中迸出火焰，非坤之靜，翕歸
> 藏役而養之，則不食之果，可復種而生哉？知復之由於坤，則知善
> 端之萌，未有不由於靜養也。程子曰：「靜後見萬物皆有春意。」陽
> 明先生之詩曰：「靜後始知群動妄。」〔註54〕

雙江以「至靜之時」來談坤之至靜，這是取現實世界中動靜相對之時態意涵，
來談超越層面的性體之靜。「至靜之時」便是「至靜之體」，至靜之體處，無
涉任何現實事為，故「無所知所覺之事」，然至靜之體並非空無一物，而是包
含了現實一切之價值根源，涵藏了豐富的理之內涵，之所以能如此，乃因「能
知能覺者自在」，性體本身具有能動性，具備了發動知覺之力量，且性體所發
之知覺，不著人私，乃天然自有者，雙江以「靜中養出端倪，冷灰中迸出火
焰」〔註55〕來形容，表示在「虛之極，靜之至，順之純」中，實涵藏了道德
實踐之充足動力。

　　道德實踐之動力來自於性體，而如何與人的活動產生關聯呢？關鍵便在
於「敬」，雙江云：

> 未發之中，本體自然，敬以持之，使此氣象常存而不失，則自此而
> 發者，自然中節，此是日用本領工夫。〔註56〕

> 周曰「無欲故靜」，程曰「主一之謂敬」。一者，無欲也。然由敬而
> 入者，有所持循，久則內外齋莊，自無不靜。若入頭便主靜，惟上
> 根者能之。〔註57〕

〔註53〕見〈答顧東橋書〉，《傳習錄》第一三五條。
〔註54〕見〈辯易〉，《雙江聶先生文集》卷之十四，頁563上。
〔註55〕此語蓋出於白沙，關於白沙此語的實際意涵，此處先不予深論。
〔註56〕見〈辯中〉，《雙江聶先生文集》卷之十四，頁555下～556上。
〔註57〕見〈辯中〉，《雙江聶先生文集》卷之十四，頁558下。

人能敬持，故能驅動存養性體之工夫，進而使性體具足之理，充分發用，收得遂通中節之效。而「敬」乃「私意無所容而大本立」，故「敬」的實際工夫內容正在於去除人心私欲，如此便將雙江「歸寂」工夫論，整個貫串起來了。此處還須強調一點，在雙江觀念中，雖以性體爲首出，且實踐之動力爲性體所具備，吾人實踐道德看似爲外在之體所決定，然雙江強調持敬，此「敬」是吾人主體所發出的，在「敬」之工夫下，性體方能呈顯，因此，在人持敬之自我要求下，道德實踐乃自發自覺之事，此時性體不單是超越之本體，亦是活動之心體，心性合一，據此雙江學說則可收歸在「心即理」之系統中。綜上所言，筆者認爲，在雙江對於坤卦的詮解中，重在談論性體化育萬物，終成萬物的創造力量，並且，藉由「敬」之工夫的提出，給予人實踐道德的充足動力，使其歸寂工夫論得能完整建構起來。

　　本章的研究目的乃是希望從分析雙江對《易》的詮解，來探討其思想內涵，同時反省其與陽明學說的同異問題。經過實際的考察之後，發現雙江對《易》的研究主要聚焦在咸、艮、坤三卦之上，並藉由這三卦之義理發揮，表現了本體論及工夫論思想。在本體論方面，雙江經由對咸卦之「感應之體」、艮卦之「止」「背」以及坤之「虛」「靜」「順」的討論，於現實感應之上，顯立一超越之性體，此性體乃形而上之天理天道，可爲萬化之根源，亦爲萬有之主宰，一切現實的知覺發用惟在性體之作用下，方能有合理的表現。在工夫論方面，經由咸卦之「貞」「脢」、艮卦之「止」、坤卦之「藏」「養」的討論，表現了去除思慮營欲之遮蔽，使心之本體回復其虛靈，而能主於性體之正的工夫意涵，其中尤爲重要的是，雙江對坤卦之「敬」的強調，實能補足吾人從事道德實踐之動力來源，並以「持敬」的工夫態度，豁顯儒家成德工夫的內在性格，完成其歸寂說之理論架構。由此可見，雙江藉由對《易》的詮解，實能對其因反對見成良知所招致的批評，與衍生的理論困難，作出適當的回應，並從而突顯其歸寂思想的特殊觀點與內容。

第五章　結　論

　　通過前文的論述，對於本文所設定之「聶雙江歸寂思想研究」一議題，已產生若干研究成果，下文將針對各章研究成果，作出簡要的摘述，並為後續之研究工作提出反省檢討，擬定未來可能的研究方向。

第一節　各章研究成果回顧

　　第一章「導論」中，初步釐定前人研究成果，將前人對於雙江學說的質疑，收聚在其「反對以知覺為良知」此一主張上，並由本體論與工夫論兩個面向切入討論，展現此一主張所牽涉的義理意義，以及可能衍生之理論困難，同時據此確立本論文的研究範圍，並選取適當的研究方法。發現在「反對以知覺為良知」的本體義研究下，雙江主要的問題在於將「良知」與「知覺」區分為二，故令人質疑雙江是否無法掌握孟子「四端」與陽明「本心」所具備的義理意義，進而也可以懷疑雙江是否無法肯定心學系統下的逆覺體證的工夫。而在「反對以知覺為良知」的工夫義研究下，雙江主要的問題在於強調工夫只在歸寂，涵養本源之地，格物處則無工夫可言，如此一來，便削弱了陽明良知教「必有事焉」、「即事磨練」的工夫性格，同時取消了陽明以知是知非契入良知所湧現的沛然實踐動力，而形成雙江學說的難題。而在釐清雙江學說的困難後，筆者設定由良知觀與工夫論兩方面切入，以展示雙江思想的特殊內涵，架構其學說理論，並比較雙江學說與陽明、孟子學說的同異問題，而在對雙江歸寂思想有整體掌握之後，最末將從另一面向，即雙江對《易》卦的詮釋，切入考察雙江思想，再次確立雙江思想的義理意義，及其價值所在。

　　第二章「雙江的良知觀」中，首先對雙江學說的基本立場，作初步的考察與分析，發現雙江有心對治當時學術流弊的問題，故堅持良知為體，知覺為用，用上不能求體，體立而用自生的基本主張，但在其主張下，便取消了良知明覺的活動性，而發生實踐上動力缺無的困難。之後進入本章主要論述，對雙江的良知觀作出分析與討論，並與陽明學說作適當之比較。雙江的良知觀，主要表現在「寂」、「中」兩個概念上。「寂」的概念出自《易》，「中」的概念出自《中庸》，雙江以「寂」、「中」釋良知，意皆在於突顯良知作為虛寂之體，未發之中的超越地位，並進而關連至工夫論上，說明工夫不能用在感應知覺處，亦不能用在意念發動處，而帶出工夫惟用於本體的看法，這正是其歸寂說的基本立場，在此立場下，雙江的確不能掌握陽明「良知」的主體活動性，而對於儒家心學當下、事中顯體的精彩未有很好的理解，但相反地，雙江特別強調「良知」的超越性，實能正視人之有限性，表現嚴肅的道德意識與實踐態度。

　　第三章「雙江的工夫論」中，進一步討論其反對「即於知覺以致知」的工夫論基本立場，了解雙江之所以有此反對，乃重視致知工夫不同於見聞學習，亦非知覺思慮處可及，從而提出其歸寂說的工夫主張。首先，經由對雙江詮解「致知格物」的討論中，明白雙江以「知止」釋「致知」，非取陽明推致之功，而顯自覺其性的工夫意涵，並且「誠意」、「格物」乃工夫後之境界，本身並無直接的工夫意涵，而「格物」雖無工夫，但「事上磨練」的修養態度，仍可融攝在「致知」工夫之中。再者，進一步回到雙江工夫論本身，可以發現，雙江歸寂思想實際上正欲追求第一義的先天立本之學，此是儒家成德之教的本質工夫，而除此之外，雙江又強調兩項具體工夫主張，一是敬持存養，在長期的工夫歷程中，求立本心，涵養性體，使人能不斷上提拔升，趨近於天道；另一則是勿忘勿助，工夫在於化除意念造作，去除私欲干擾，使工夫達於明、誠之圓熟化境。在其歸寂工夫思想下，雙江雖然不能直截肯認當下的一念心悟，但通過其自覺其性、堅守自持的工夫修養性格，亦充分展現了儒家道德哲學中，「求則得之」、「不假外求」的核心本旨。

　　第四章「由雙江對《易》卦之詮解探其思想內蘊」中，經由考察雙江對「咸」、「艮」、「坤」三卦之義理詮解，再次探明雙江良知觀與工夫論方面的思想內涵。雙江依據對於咸卦之「感應之體」、艮卦之「止」「背」，和坤之「虛」「靜」「順」的討論，在現實感應之上，顯立一超越之性體，並且強調此性體

的根源性及主宰性。在工夫論方面，雙江依據對於咸卦之「貞」「脢」、艮卦之「止」，和坤卦之「藏」「養」的討論，表現了去除私心遮蔽，復其良知虛靈本體，而主於性體之正的工夫意涵，並由坤卦的創生力量彌補了道德實踐之動力來源，再以「持敬」的態度，豁顯儒家成德工夫的內在性格，將性體動力下貫於人之上，從而完成其歸寂說之理論架構。

以上是本文各章研究成果之要點回顧，下文將接續本文已有之研究成果，進一步爲後續研究工作，提出具體的反省與展望。

第二節　後續研究反省與展望

本文原初的研究動機，乃是希望處理雙江對於陽明良知教的理解，基於此，本文的問題意識在於，希望能對雙江歸寂思想作出仔細的分析與討論，檢討歸寂思想是否能在陽明「致良知」的脈絡下證成，又，如何能證成，並且通過陽明致良知教與雙江歸寂思想的相互對照，考慮歸寂思想是否能補王學流弊之失，並對儒家心學義理有不同面向之闡發。

若針對上述問題意識對本文研究成果作一綜合反省，可以發現，雙江對於良知的看法，重在突顯良知作爲本體的超越身分，良知本體是至善純粹的，不雜人心私欲之干擾，在此之下，雙江持守已發、未發的體用區分，反對以知覺爲良知，主張用上不能求體。雙江如此理解良知，便與陽明強調良知無分體用，即體即用，良知之明覺當下便是良知之理充分展現的看法，有所隔閡，而未能掌握陽明良知教理論當中，良知本體所蘊含的活動義眞旨，而雙江歸寂思想之所以能容納在陽明良知教，乃至於儒家孟子一系的心學義理系統中，則必須進至工夫論處方能說明清楚。雙江歸寂思想發展至工夫論時，以「歸寂」、「知止」來詮釋「致知」，工夫在於使本體充極其虛靈，無一毫意欲遮蔽，如此一方面顯現了內返其心的用功路向，另一方面則提出了自覺其性的工夫主張，皆表現出對第一義工夫的追求。可以了解，雙江言歸寂，意欲強調一先天立本之學，此正是儒家成聖工夫的本質所在，並且，又通過「持敬存養」來提供道德實踐之動力，確保工夫施措的持續無間，與「勿忘勿助」來化除用功對治相，將工夫提升至圓熟化境。因此，由歸寂思想可以契於儒家「不假外求」、「求則得之」的本質意義而言，雙江的思想型態的確能符合陽明與孟子一系的心學工夫主張。

　　儘管如此，不容否認的是，雙江歸寂思想所開展出來的學問性格，確實與陽明良知教並不完全一致。陽明言致知，代表了一種「事上磨練」的義理型態，良知當下具足完好，沒有汙壞，故致中無有不復；雙江言歸寂，則代表了一種「歸顯於密」的義理型態，現成良知不足信，故必須離開知覺感應，回到本原之地，方能立體。二者一相比較，便顯殊異。固然雙江可以別開蹊徑，建立己說，但陽明良知教所代表的義理意義，卻是不能否認的，從這個立場來考慮，則可以發現雙江並不明白心學系統談「當下即是」的必要性所在，亦無法當下開出心學系統的道德實踐之源。

　　換言之，若比較陽明與雙江思想，可以發現，陽明既能肯定意志自我立法，亦能肯定此自我立法之意志能在現實生活中眞實呈顯，故陽明能肯定良知現成，且此現成良知之發用，當下便能提供道德實踐之眞實動力，當下完成道德實踐，這是「心即理」義理系統下所開出的工夫型態。而反觀雙江雖亦能談意志自我立法，但卻不能肯定此自我立法之意志能在現實生活中眞實呈顯，故必須通過敬持，才能使氣化生命逐漸向上提升，逐漸向道德法則趨近，可以見到，就不能肯定意志自律眞實呈現而言，雙江確實不能契合於陽明。然而，若再比較朱子與雙江思想，可以發現，朱子主張「格物窮理」，理外於心，心須通過工夫修養以去明理、具理，心本身非理，這是「性即理」義理系統下所開出的工夫型態，在此之下，朱子並不能肯定意志自我立法，比起雙江能夠肯定意志自我立法，顯得退縮了一步。由此可知，雙江雖不全然契合陽明學，但並不盡然是往朱子學靠攏，亦不是依違於陽明學與朱子學之間。然若如此，究竟應當將雙江歸寂思想定位何處呢？筆者認爲，關於此一問題，或許可以從康德道德哲學來加以考慮。

　　在康德道德哲學中，首先肯定道德法則，道德法則是無條件的律令，道德行爲便是按照無條件律令而行，該行而行，沒有意欲其他任何目的，而若肯定人可以按照無條件律令來行動，產生出道德行爲，則便逼顯出必須肯定人具有自由意志。從自由的消極義而言，可以擺脫感性欲望的影響，純粹依照無條件律令而行；從自由的積極義而言，即是意志自我立法，依照意志自己給出的法則來行動。〔註1〕因此，在康德而言，自由意志（free will）是道德實踐之下，

─────────────

〔註1〕 康德云：「意志是『屬于有生命的存有之當其是理性的存有時』的一種因果性，而自由則必即是這種因果性底這種特性，即『此因果性能夠獨立不依於『決定之』之外來的原因而即爲有效的』這種特性……以上自由底界說是消極的，

理當要有的肯定，故自由意志乃是一設準，理當要有，但卻非如法則一般是一理性的事實，現實上亦無法證明其存在。而由於自由意志只是一設準，故自由意志無法提供道德實踐之動力，動力來源惟在道德法則處，也因此，自由意志不能直接開出道德實踐，而只有法則才能保證道德實踐的必然性，然若進一步地討論，道德法則其實也僅作爲道德實踐的根源性依據，道德法則固然是道德實踐的價值所在，但若要眞正開出道德行爲，則必須落在自由決意處來執行。

　　自由決意（will of choice）乃是通過選擇原則而行動的意志本身，此意志在選擇行動格準上具有自由，或採納善的格準以行動，或採納惡的格準以行動，就其自由使用的性質而言，人方能成爲一必須負責的道德主體，也基於此自由決意，才能使人在爲善時，可以擁有榮耀；在爲惡時，則必須被咎責，如此一來，人才眞正成爲一道德的存有者，而不會視道德實踐爲一「內在而固具」的本然行爲，把道德實踐的原因歸給自然，或歸給上帝。由於自由決意表現的正是一種自覺去選擇的道德能力，故自由決意乃是可上可下者，一方面可以因爲尊敬法則，而接受法則影響，採納服從法則的格準以行動；另一方面亦可以受到感性欲望影響，而採納能夠滿足感性欲望的格準以行動。本來，人爲一動物性存有，實際上便具有滿足感性欲望的需求，此是自然之事，無涉道德。但此處所言的自由決意乃是就道德實踐的選擇能力，此是道德實踐的脈絡下來談的，因此，人或採納善的格準，或採納惡的格準，乃是在意識到道德法則之後方可說，人若意識到道德法則，而依照無條件律令而行，便是善；人若意識到道德法則，卻偏偏逆反道德次序，不依無條件的律令而行，將感性欲望的動力置放於道德法則的動力之上，此便形成了惡，而此種逆反便是人性中的根本惡。〔註2〕因此，康德言自由決意，並非在標舉可

因此它在自由底本質之發見上亦是無結果的；但是它可引至一積極的概念，這卻是十分豐富而有成果的。因爲因果性底概念含有法則底概念，依照這法則，因著某種我們叫做原因的東西，某種別的東西，即，結果，必須被產生〔被置定，被確立，或依法被決定〕；因此，雖然自由不是那依於物理法則的意志之特性，但亦並不因此而爲無法則；反之，它必須是一種『依照不移的但卻又是特種的法則而活動』的因果性；非然者，自由意志必是一個荒謬背理的概念。……依是，所謂意志自由，除自律外，即除『意志對其自己即是一法則』這特性外，它還能視什麼別的東西呢？」（見牟宗三，《康德的道德哲學》，頁93～94。）

〔註2〕康德云：「依此，一個人是否是善抑或是惡之區別並不存在于其所採用於其格言中的動力之區別，但只存在於動力之隸屬關係，即是說，存于在那兩種動

善可惡的中道說法，而是強調一種嚴格的道德實踐主義，吾人必須通過不斷努力，喚醒道德意識，培養道德本性中的尊敬之情，以此尊敬之情引發作用以對抗性癖，使動力與動力間回復其原初應有之隸屬關係，並恢復人性中原初向善之才能，此即是康德道德哲學中成德工夫的主張。

由上文敘述可以明白，康德的道德哲學乃是由法則入（理入）的說法，不同於儒家心學由自由入（心入）的說法。本心概念或良知概念在康德道德哲學中並不具有重要的地位，自由意志只是法則逼顯出的理當要有的概念，並不能視為人性中本有之道德本性；而良知則只是一道德情感，是每個人自然生而具有的感性稟賦，會因受到義務概念的影響而被激發，故良知並非影響道德法則的先在根據，而是意識到道德法則之後的後果，良知雖能分判是否合於法則，但本身不能給出實踐動力。〔註3〕筆者認為，雙江不信良知現成、反對以知覺為良知的說法，實際上與康德對於自由意志與良知的看法，有通同之處。面對前者，自由意志只是設準，不能肯定它能真實呈顯，亦不能藉賴它給出實踐動力；面對後者，良知乃是一種道德情感，既為情感，便是一種感性知覺，不是純粹的道德法則本身。

並且，雙江對於「心」此一概念，亦具有特別的理解。前文已云，雙江談「心」，一方面標舉出主體實踐道德的內在根據，一方面突顯出主體實踐道德的氣化限制，這樣理解的「心」，既不同於陽明良知本心的意涵，亦不同於朱子虛明靈覺的意涵，而有其個人特殊的體會。筆者認為，關於雙江對「心」

力中他使那一種動力為另一動力之條件（即是說，不存于格言之材質，但只存于格言之隸屬形式）。既然如此，則結果便是：一個人（甚至最好的人）其為惡是只因以下所說之情形而為惡，即：他在採用動力于其格言中時，他逆反了動力之道德次序……。」（見牟宗三，《圓善論》，頁100。）又云：「現在，如若在人性中存有一『性癖於此』之性癖（即性癖于動力逆轉以顛倒道德秩序之性癖），則在人類中即存有一自然的『性癖于惡』之自然性癖；而因為此性癖自身終極地說來，必須在依自由決意中被尋求，而因此之故，它又是可被答責的，是故它即是道德地惡的。」（見牟宗三，《圓善論》，頁101。）

〔註3〕 康德云：「同樣，良知也不是什麼可以獲得的東西，而且沒有任何獲得一種良知的義務；而是說每一個人作為道德存在者都本來在心中有這樣一種良知。說有責任有一種良知，就會等於是說：對自己有義務承認義務。因為良知就是在一個法則的任何事例中都告誡人有作出赦免或者宣判的義務得實踐理性。因此，良知的關係不是與一個客體的關係，而是僅僅與主體的關係（通過其行為激發道德情感）；因而是一種必然發生的事實，並不是責任與義務。因此如果人們說：這個人沒有良知，則人們說的是，他沒把良知的呼聲當回事。」（見李秋零，《純然理性界限內的宗教、道德形而上學》，頁412～413。）

的特殊理解，或許可以藉由康德的自由決意概念來掌握。自由決意爲一自由採納原則以作爲行動格準的能力，由其自由的性質而言，可上可下，或善或惡，但實際上此自由決意本身是爲超越自由之現實投影，因此自由決意處乃蘊含了一實踐動力的道德次序，吾人應當於自由決意處用功，以莊嚴的道德情感正視道德法則對於人的影響與作用，並自覺吾人實具備了按照無條件律令而行的道德實踐能力，培養人性中向善之種子。而在雙江，「心」亦處在體用之間，具有可上可下的特殊地位與作用，因此，雙江雖不能肯定良知當下呈顯，但「心」能以性體作爲其主宰依據，通過此義，亦能保證道德實踐的必然性，與道德法則的優位性，表現了「心」的無限性格。並且，「心」又是爲實踐主體所具存者，既爲現實之存在，自然會受到形氣經驗的干擾，而必有現實意志摻雜其中，不復爲純粹良知本體本身，故「心」自然亦有受到感性欲往影響的可能，此便表現了「心」的有限性格。基於上述可以發現，雙江歸寂思想與康德道德哲學確實有近似之處，並且雙江與康德這樣的說法好處在於，能夠辨析道德法則作爲價值根源的先驗性，與正視人作爲一感性存有的現實身分。在此之下，道德法則不會與經驗之事相混淆，亦不會使人過度自信其心，流爲道德狂熱者。

綜合以上所論，雙江歸寂思想作爲一良知學脈絡下的思想型態，理當必須肯定良知現成，此是心學義理之精髓所在。而雙江基於其對良知的特殊理解，與對治王學流弊的基本關懷，堅持反對以知覺爲良知，強調現成良知不可信，便顯得與心學義理相扞格，有違於良知學核心要旨。然而，通過康德道德哲學的補充討論，可以發現，雙江言論亦透顯個人問題意識，具有相當見的，表現出嚴肅的道德實踐意識，並提出具體的修養工夫，故不能輕易判定雙江歸寂思想不合於陽明良知教，乃至於心學系統，這是本文最末試圖提出的看法。然而，關於此部分論述，仍相當粗淺，在雙江與康德學說細部概念的比較上，缺乏仔細的判別，而在整體學說的掌握上，亦恐有疏漏之處，因此，在後續之研究工作中，筆者欲在此部分議題上作出更深入的探討，希望由此一面向來切入研究，未來可以對雙江歸寂思想的定位與價值，有更允當清楚的說明。

參考書目

一、原典（依年代排列）

1. 〔宋〕周敦頤：《周濂溪集》，北京：中華書局，1985 年。

2. 〔宋〕程顥、程頤著：《二程集》，北京：中華書局點校本，2004 年。

3. 〔宋〕朱熹：《四書章句集註》，臺北：鵝湖出版社，1984 年。

4. 〔明〕王守仁：《王陽明全集》〔二冊〕，上海：上海古籍出版社，1997 年。

5. 〔明〕王龍溪：《王龍溪語錄》，台北：廣文書局，2003 年。

6. 〔明〕聶豹：《雙江聶先生文集》，北京大學圖書館藏明嘉靖四十三年吳鳳瑞刻隆慶六年印本，《四庫全書存目叢書》集部第七十二冊，臺南：莊嚴文化，1997 年。

7. 〔明〕聶豹：《聶豹集》，南京：鳳凰出版社點校本，2007 年。

8. 〔明〕羅洪先：《念菴先生集》，明嘉靖四十二年劉玠刻本，《四庫全書存目叢書》集部第八十九、九十冊，臺南：莊嚴文化，1997 年。

9. 〔明〕王時槐：《塘南王先生友慶堂合稿》，清華大學圖書館藏清光緒三十三年重刻本，《四庫全書存目叢書》集部第一百一十四冊，臺南：莊嚴文化，1997 年。

10. 〔明〕黃宗羲：《黃宗羲全集》，杭州：浙江古籍出版社，1985 年。

11. 〔魏〕王弼，〔晉〕韓康伯，〔宋〕朱熹：《周易兩種》，臺北：大安出版社，1999 年 7 月，第一版第一刷。

12. 〔魏〕王弼注，〔晉〕韓康伯注，〔唐〕孔穎達等正義：《周易正義》，《十三經注疏分段標點》第一冊，臺北：新文豐出版公司，2001 年。

二、近人專著（依作者姓氏筆劃排列）

1. 于化民：《明中晚期理學的對峙與合流》，臺北：文津出版社，1993年。

2. 方祖猷：《王畿評傳》，南京：南京大學出版社，2001年。

3. 王邦雄、岑溢成、楊祖漢、高柏園編著：《中國哲學史》，臺北：空大，1995年。

4. 王邦雄、曾昭旭、楊祖漢編著：《孟子義理疏解》，臺北：鵝湖出版社，2004年。

5. 王邦雄、曾昭旭、楊祖漢編著：《論語義理疏解》，臺北：鵝湖出版社，2004年。

6. 古清美：《明代理學論文集》，臺北：臺灣學生書局，1990年。

7. 古清美：《慧菴論學集》，臺北：大安出版社，2004年。

8. 古清美譯註：《近思錄今註今譯：大學問今註今譯》，臺北：臺灣商務印書館，2000年。

9. 朱傑人、嚴佐之、劉永翔主編：《朱子全書》，上海：上海古籍出版社；合肥：安徽教育出版社，2002年。

10. 牟宗三：《中國哲學十九講》，臺北：學生書局，1983年。

11. 牟宗三：《中國哲學的特質》，臺北：學生書局，1984年。

12. 牟宗三：《心體與性體》（一），臺北：正中書局，1999年。

13. 牟宗三：《心體與性體》（二），臺北：正中書局，2002年。

14. 牟宗三：《心體與性體》（三），臺北：正中書局，2005年。

15. 牟宗三：《宋明儒學的問題與發展》，臺北：聯經出版事業有限公司，2003年。

16. 牟宗三：《從陸象山到劉蕺山》，臺北：臺灣學生書局，2000年。

17. 牟宗三：《圓善論》，臺北：臺灣學生書局，1996年。

18. 牟宗三譯註：《康德：純粹理性之批判》（上）、（下），臺北：臺灣學生書局，1998年。

19. 牟宗三譯註：《康德的道德哲學》，臺北：臺灣學生書局，2000年。

20. 吳震：《陽明後學研究》，上海：人民出版社，2003年。

21. 吳震：《聶豹羅洪先評傳》，南京：南京大學出版社，2001年。

22. 呂妙芬：《陽明學士人社群研究——歷史、思想與實踐》，臺北：中研院近史所，2004年。

23. 岑溢成：《大學義理疏解》，臺北：鵝湖出版社，1997年。

24. 李明輝：《四端與七情：關於道德情感的比較哲學探討》，臺北：臺大出版中心，2005年。

25. 李明輝：《儒學與康德》，臺北：聯經出版，1997 年。

26. 李秋零主編：《純然理性界限內的宗教、道德形而上學》，北京：中國人民大學出版社，2007 年。

27. 周志文：《晚明學術與知識分子論叢》，臺北：大安出版社，1999 年。

28. 林月惠：《良知學的轉折：聶雙江與羅念菴思想之研究》，臺北：臺大出版中心，2005 年。

29. 金景芳、呂紹綱等：《周易全解》，臺北：韜略出版有限公司，2005 年。

30. 侯外廬、邱漢生、張豈之：《宋明理學史》（上）、（下），北京：人民出版社，1997 年。

31. 南懷謹、徐芹庭註譯：《周易今註今譯》，天津：天津古籍出版社，1989 年。

32. 唐君毅：《中國哲學原論·原性篇》，臺北：學生書局，1991 年。

33. 唐君毅：《中國哲學原論·原教篇》，臺北：臺灣學生書局，2004 年。

34. 容肇祖：《明代思想史》，臺北：開明書店，1978 年。

35. 張學智：《明代哲學史》，北京：北京大學出版社，2000 年。

36. 陳來：《中國近代思想史研究》，北京：商務印書館，2003 年。

37. 陳來：《有無之境——王陽明哲學的精神》，北京：人民出版社，1997 年。

38. 陳來：《宋明理學》，臺北：洪葉文化，1993 年。

39. 陳榮捷：《王陽明傳習錄詳註集評》，臺北：臺灣學生書局，1998 年。

40. 陳榮捷：《宋明理學之概念與歷史》，臺北：中研院文哲所，1996 年。

41. 勞思光：《新編中國哲學史》（三上），臺北：三民書局，1997 年。

42. 嵇文甫：《左派王學》，臺北：國文天地雜誌社，1990 年。

43. 嵇文甫：《晚明思想史論》，北京：東方出版社，1996 年。

44. 彭國翔：《良知學的展開——王龍溪與中晚明的陽明學》，臺北：學生書局，2003 年。

45. 曾春海：〈易經的天人觀〉、〈易經哲學的時中理念〉，收在《儒家哲學論集》，臺北：文津出版社，1989 年。

46. 黃信二：《王陽明「致良知」方法論之研究》，臺北：文史哲出版社，2006 年。

47. 黃慶萱：《新譯乾坤經傳通釋》，臺北：三民書局，2007 年。

48. 馮耀明：《中國哲學的方法論問題》，臺北：允晨文化出版，1989 年。

49. 楊伯峻譯注：《孟子譯注》，北京：中華書局，1960 年。

50. 楊祖陶、鄭曉芒：《康德《純粹理性批判》指要》，北京：人民出版社，2005 年。

51. 楊祖漢：《中庸義理疏解》，臺北：鵝湖出版社，2002 年。

52. 楊祖漢：《從當代儒學觀點看韓國儒學的重要論爭》，臺北：臺大出版中心，2005 年。

53. 楊祖漢：《儒家的心學傳統》，臺北：文津出版社，1992 年。

54. 楊祖漢：《儒家與康德哲學》，臺北：文津出版社，1987 年。

55. 楊國榮：《王學通論——從王陽明到熊十力》，臺北：五南，1997 年。

56. 劉述先：《黃宗羲心學的定位》，臺北：學生書局，1984 年。

57. 蔡仁厚：《王陽明哲學》，臺北：三民書局，2007 年。

58. 蔡仁厚：《王學流衍》，北京：人民出版社，2006 年。

59. 蔡仁厚：《儒家心性之學論要》，臺北：文津出版社，1990 年。

60. 錢明：《陽明學的形成與發展》，南京：江蘇古籍出版社，2002 年。

61. 顏國明：《易傳與儒道關係論衡》，臺北：里仁書局，2006 年。

62. 鍾彩鈞：《王陽明思想之進展》，臺北：文史哲出版社，1993 年。

三、學位論文

1. 王財貴：〈王龍溪良知四無說析論〉，國立師範大學國文研究所碩士論文，1991 年。

2. 王湘齡：〈許敬菴、周海門「九諦九解」義理研究〉，國立中央大學哲學研究所碩士論文，2002 年。

3. 呂妙芬：〈陽明學派的建構與發展〉，清華學報，頁 167～203，1999 年。

4. 呂政倚：〈王陽明「致良知」教之繼承與發展——王龍溪先天正心學之衡定〉，國立政治大學哲學研究所碩士論文，2004 年。

5. 李明輝：〈康德哲學中道德情感問題之研究〉，國立臺灣大學哲學研究所碩士論文，1981 年。

6. 卓平治：〈聶雙江對良知的體認及其論辯〉，國立暨南國際大學中國語文學系碩士論文，2004 年。

7. 林月惠：〈良知學的轉折——聶雙江與羅念菴思想之研究〉，國立臺灣大學中國文學研究所博士論文，1995 年。

8. 林月惠：〈聶雙江「歸寂說」之衡定——以王陽明思想為理論判準的說明〉，嘉義師院學報，1992 年 11 月。

9. 彭仰琪：〈良知學的兩個路向：王龍溪、聶雙江「致知議辯」研究〉，國立中正大學中國文學研究所碩士論文，1999 年。

10. 楊祖漢：〈王龍溪對王陽明哲學的繼承與發展〉，《鵝湖學誌》第十一期，1993 年 12 月。

11. 楊祖漢:〈朱子「中和說」中的工夫論新詮〉,《朱子學刊》創刊號,頁14～25,馬來西亞朱子學術研究會,吉隆坡,2004 年 11 月。

12. 楊祖漢:〈從王學的流弊看康德道德哲學作為居間型態的意義〉,《鵝湖學誌》第三十三期,頁 1～56,2004 年 12 月。

13. 溫愛玲:〈從聶雙江到羅念菴良知學之研究——以王門諸子「以知覺為良知」與「分裂體用」的論題為脈絡〉,國立成功大學中國文學研究所碩士論文,2005 年。

14. 劉桂光:〈王龍溪與聶雙江、羅念菴論辯之研究——以陽明學為判準〉,私立中國文化大學哲學研究所碩士論文,1995 年。

15. 鍾彩鈞:〈聶雙江《困辯錄》的詮釋〉,發表於「兩岸三地『詮釋學與經典解釋』學術研討會」,2007 年 5 月 4 日。

附錄：權陽村《入學圖說》析論

Analysis on The Theory implied in Chuan Tang-tsun's Ju Hsueh Tu Shuo

陳　儀

摘　要

　　權近（1352～1409），號陽村，爲韓國朝鮮時代早期儒者。在現今學者看法中，一般肯定陽村可以掌握朱子理氣心性論的要旨，並以圖說方式展現自身理解，其中最重要的是，陽村對於心、性、情的討論，是爲後來著名四七之辨的濫觴，可見陽村學問於韓國儒學以及朱子學的研究中，實具有特出地位。然而在臺灣地區的研究中尚無出現陽村學問的專門討論，甚爲缺憾，故本文即欲專對陽村重要著作《入學圖說》進行研究。

　　《入學圖說》中，以「天人心性合一之圖」、「大學指掌之圖」、「中庸首章分釋之圖」三圖最能展現陽村學問特色，通過實際研究工作後，筆者認爲可以格外注意三點：第一、對性發、心發的理解；第二、對道心、人心的分判；第三、對四端、七情的分判。而這三點又可統合收攝在陽村將「心」視爲「理氣妙合」上來理解。由此「理氣妙合」之「心」所開展出來的學問形態，實近於朱子主敬的工夫路向，這是筆者目前對於陽村學說的分析與評斷。在未來的後續研究中，筆者認爲可以特別注意陽村、朱子二人「心」論之比較，若據此檢視韓國儒學乃至於朱子學的義理發展，或許可提供新的研究視點。

　　關鍵字：權近、陽村、入學圖說、理氣妙合、韓國儒學。

前　言

　　權近（1352～1409），字可遠，號陽村，其人好學有才華，是韓國朝鮮時代早期的儒者。﹝註1﹞陽村從學李牧隱門下，與鄭三峯親好，其學問多受三峯影響。﹝註2﹞著有《陽村集》、《入學圖說》、《易・詩・書・春秋淺見錄》、《禮記淺見錄》、《東國史略》、《五經口訣》等，其中《入學圖說》與《禮記淺見錄》二部著作最能闡發陽村思想，當中又以《入學圖說》影響後學更深，傳世久遠。

　　《入學圖說》為陽村謫居益州時，為初學學子所繪製，根據李丙燾的說法，「圖說分為前後集，凡二十五圖，其中天人心性合一之圖、大學之圖、中庸首分釋之圖，尤為著名。」﹝註3﹞「此書之刊行，通前後內外，至五六次，在此意味，圖說於朝鮮儒學史上，頗占重要的地位。」﹝註4﹞由此可知，陽村作成此圖說後，立即受到廣泛注意，並有多版的單行本傳世。而由於陽村學乃以傳述朱子學為務，因此本文將關注於「天人心性合一之圖」、「大學指掌之圖」、「中庸首章分釋之圖」等三篇圖說，希望通過分析討論，能藉此掌握陽村學之大要。

　　現階段對於陽村的研究中，韓國學者鄭仁在認為：「權近強調理的權威性……據此，權近對朱子學的理氣心性論實有正確的理解。因而他又深入探討『五常』、『四端』、『七情』等心性問題。而在〈入學圖說〉的圖解中，權近論及『四端』與『七情』的問題時說道：『四端，理之原，發于性，純善。七情，七之原，發于心，有善有惡。』而權近所提出的『四端與七情』問題，

﹝註1﹞　關於陽村的生平，李丙燾有簡潔扼要的言述：「權陽村（恭愍王元年生，朝鮮太宗九年卒。西紀一三五二～一四〇九年），名近，字可遠，菊齋權溥之曾孫，牧野門人也。少好學，恭愍王朝登第，歷仕禑、昌，至恭讓王二年，因事謫居于益州等地，翌年放還於忠州之陽村，及太祖開國，被召蒙恩。太祖五年，使明京，受優遇，賦命題十八篇，明帝（太祖）每稱『老實秀才』。後官至大提學。諡文忠。久在文翰之任，凡經國外交文字，多出其手。」見李丙燾：《韓國儒學史略》（韓國：亞細亞文化社，1986年8月），頁83～4。另外可參見〈陽村先生年譜〉，《陽村集》，載於《韓國文集叢刊》第7輯，頁9a～13b。

﹝註2﹞　參考自李丙燾的說法：「陽村，以牧隱高弟，尤親三峰，甚敬畏之，多受其學風之影響。」見李丙燾：《韓國儒學史略》，頁84。

﹝註3﹞　李丙燾：《韓國儒學史略》，頁84。

﹝註4﹞　李丙燾：《韓國儒學史略》，頁84。

於百餘年後，成爲退溪、高峰、牛溪與栗谷正式討論日七問題的濫觴。」〔註
5〕鄭仁在的敘述已大致表達了陽村學的特色與重點。臺灣學者楊祖漢教授與
李明輝教授對於韓國儒學著名的「四七之辨」研究中，則特別注意到陽村學
在「四七之辨」的發展脈絡中，是爲開端。李教授認爲：「事實上，一般韓國
學者多以『四七之辨』發端於權陽村。」並舉李丙燾之言以爲旁證；〔註6〕楊
教授也提到：「以七情源於氣，又由意幾決定而有善惡，則是韓國朝鮮朝初期，
較退溪、高峰早百餘年之權近之說。」〔註7〕由此可見，陽村〈入學圖說〉中
關於「四端」、「七情」的討論，是現階段陽村思想研究中較受注意的部分，
本文也將對此有較仔細的討論，以下進入正文。

一、「天人心性合一之圖」：對於天、人、心、性諸概念之討論

　　根據陽村自述，「天人心性合一之圖」是依照濂溪《太極圖》，以及朱子
《中庸章句》中：「天以陰陽五行化生萬物，氣以成形，而理亦賦焉。」〔註8〕
此一句話繪製而成，欲從人、心、性三方面切入探究理氣善惡之殊異情況。〔註
9〕由此可見，陽村此圖是想要依照朱子學的進路，基於道德人性，對天化生
萬物的情貌作一分解，此分解一方面關涉陽村對於人性論的掌握，另一方面
也關涉對理氣論的掌握，進而更對君子修養工夫有所議論。

　　先觀其圖。首先，其圖上圓中方，方中有心，「隱然表現一個人體形象」
〔註10〕。最上爲天，天有元亨利貞四德，天命下貫於心，成爲心上之「理之
源」。就心上直接稟受處，是爲性；就心發而爲情處，是爲四端；就心發而爲
意處，則有善惡之幾。圖中以白示陽，以黑示陰，陰陽皆氣，且陽中有陰根，
陰中有陽根，陰陽交繞以構形。

　　再者，圖的下方有若干圓圈，表現存有的各種情態。右邊爲善，包含四

〔註 5〕鄭仁在：〈朱子學在韓國的展開〉，收於黃俊傑、林維杰編：《東亞朱子學的同
　　　　調與異趣》，頁 307、309、310。
〔註 6〕李明輝：《四端與七情：關於道德情感的比較哲學研究》，頁 226。
〔註 7〕楊祖漢：《從當代儒學觀點看韓國儒學的重要論爭》，頁 106。
〔註 8〕朱熹：「命，猶令也。性，即理也。天以陰陽五行化生萬物，氣以成形，而理
　　　　亦賦焉，猶命令也。」見朱熹：《中庸章句集注》。
〔註 9〕陽村云：「右圖謹依周子太極圖及朱子中庸章句之說，就人心性上以明理氣善
　　　　惡之殊，以示學者，故不及萬物化生之象。」見〈入學圖說〉，《陽村集》，載
　　　　於裴宗鎬編：《韓國儒學資料集成》（上）（韓國：延世大學校出版部），頁 5b。
〔註 10〕李丙燾，《韓國儒學史略》，頁 86。

端之情、聖人性之、參贊化育等，此部分全畫作白，示純善無惡。左邊爲惡，包含殘貪嗜昏、眾人害之、禽獸等，此部分大體畫作黑，然眾人與禽獸處有部分爲白，示未嘗無善。筆者認爲，此處黑被包覆在白中，示此處善爲潛存者的。中間的圓圈居中介樞紐地位，君子居此圓圈，表現存養省察的修養工夫，且此圓圈有管道向左右溝通，示君子通過工夫可通往聖人，工夫缺無則將迷於欲。

　　以上是筆者對於圖的觀察，圖旁陽村有段圖說：

> 右圖謹依周子太極圖及朱子中庸章句之說，就人心性上以明理氣善惡之殊，以示學者，故不及萬物化生之象。然人物之生，其理則同，而氣有通塞偏正之異，得其正且通者爲人，得其偏且塞者爲物。即此圖而觀，則誠字一圈得其最精最通而爲聖人，敬字一圈得正且通者而爲眾人，欲字一圈得偏而塞者爲物，其下禽獸橫者，得其左〔註11〕偏塞而爲草本者也。是則萬物化生之象，亦具於其中矣。夫天地之化，生生不窮，往者息而來者繼，人獸草木，千形萬狀，各正性命者，皆自一太極中流出。故萬物各具一理，萬理同出一源，一草一木各一太極，而天下無性外之物。故《中庸》言能盡其性則能盡人之性，能盡物之性，而可以贊天地之化育，嗚呼至哉。〔註12〕

在這段敘述中，可以見到幾項要點。首先，陽村談人物之別，乃就得氣之或正或偏來談。蓋在理學家的眼光中，人物之生成不是無所憑依的，而是有理作爲人物生成之根據。此理作爲人物生成之根據，並無差別，然人物一生成，便已落在氣上表現，此氣則有通塞偏正之差異。因此，雖然人物生成之理是相同的，但因人物得氣有差異，故構成了人物之別，也可明白此人物之別乃就人物得氣形構之殊異而言，並非就人物據理生成之殊異而言，陽村言：「人物之生，其理則同」正是此義，人物在理處並沒有差別可言。由此可見，陽村並非由道德實踐之能來掌握理，而是從宇宙論的進路首先肯定宇宙有理，從而言人物皆據理而生。

　　再者，陽村進一步將人作了聖凡區分。前段引文中說道：「即此圖而觀，則誠字一圈得其最精最通而爲聖人，敬字一圈得正且通者而爲眾人，欲字一圈得偏而塞者爲物，其下禽獸橫者，得其左偏塞而爲草本者也。」此段陽村

〔註11〕原文作「尤」。
〔註12〕〈入學圖說〉，《陽村集》，《韓國儒學資料集成》（上），頁5b～6a。

所揭義理與上文相同，聖凡、人物就其稟受天理爲性而生處，是相同的，但因氣有通塞偏正的差異，故而發生聖凡、人物之差別，這也正是萬物生化分殊的原因。

最末，陽村談到「太極」。陽村認爲「萬物各具一理」，自萬物分殊之表現，可分別探究萬物背後各有理作爲存在依據；「萬理同出一源」，自萬物背後之萬理再行追索，可發現萬理皆發源於同一源頭；「一草一木各一太極」，進而可知天地間一切存在物實皆源出於太極，以太極作爲其存在之理、存在之性，這是分散地給出的說法。倘若合而觀之，便可說「天下無性外之物」，一切存在物皆在太極之理的籠罩下，各以太極之理爲性而存在著。

以上是對於陽村「天人心性合一之圖」的粗略理解，其中有許多細節尚未明朗，對此陽村另設「天人心性分釋之圖」，針對「人」、「心」、「性」各畫一圖，同樣附有圖說，更仔細地闡發天人心性的觀念，分論要點如下。

（一）對「天」的看法

陽村認爲「天爲一大」，這是由字形說解的方式，來表示天具有「一」、「大」兩種性質。〔註13〕「一」以「以理言則無對」、「以行言則無息」界定，意在強調天作爲理有其尊位性，並無任何他物可爲相對，且此理有其活動性，運作無息。而「大」以「以體言則無外」、「以化言則無窮」界定，意在強調天作爲體，是爲一切存在物之存在根據，且天作爲一切存在物之存在根據，乃具必然性，天地間必不會有離體獨存之物，且此體大而能化，從而生成萬化之無窮。

雖然天具有「一」、「大」兩種性質，但此兩種性質並非互不干涉，而是彼此相通的。在圖上，陽村以交叉線條表示此義。因此，當以「一」言「天」時，固特顯理一、能行；當以「大」言「天」時，固特顯體大、能化，但實際上「一」「大」需併觀，唯「天爲一大」，「天」才足能爲「萬化之源」、「萬殊之本」。

以下兩條橫線，上條橫線標一「誠」字，下條橫線標一「敬」字，此處陽村雖未明言，但筆者認爲當就「人」而言。在「天人心性合一之圖」中，「誠」示聖人之性，「敬」示君子之修養，而在此圖中，「誠」、「敬」之間的區塊，陽村書以「高高在上日監在茲」〔註14〕、「畏天之威于時保之」〔註15〕。綜合

〔註13〕見「天人心性分釋之圖」，《陽村集》，《韓國儒學資料集成》（上），頁 6a。
〔註14〕《詩經·訪落》：「敬之敬之，天維顯思，命不易哉。無曰高高在上，陟降厥

觀之，筆者認爲這兩句話實可表現陽村觀念中的成聖工夫形態，即人在面對天理之尊崇時，天理如同鏡高懸於天，在此之下，人便生發敬畏之情，時時戒愼恐懼，以保天命。這是主敬之工夫路向。

以上是筆者對於陽村言「天」的理解，要言之，陽村言「天」當重視天之爲理、爲體的超越身分，既是萬物存在之根據，也是萬物生化之根源，而人若能主敬行修養之事，便能由凡入聖，達於「誠」的境地而充分彰顯天理之性。然此處可以提問的是，究竟在陽村的觀念中，理能否活動呢？若不能，此處「行」、「化」該如何理解？若能，則與朱子學是否有相違之處？此問題將在後文言陽村對「心」的看法時，有進一步討論。

（二）對「人」、「心」的看法

陽村在談論「人」時，並不是著眼於「人」的血氣形軀，而是直點出「人」生而便即具備「仁」之理，此「仁」之理稟受於天，落在人身上，爲「心」所具，故「心」之德即爲「仁」之理，亦即天地「生物之理」。陽村云：

> 人者，仁也。仁則天地所以生物之理，而人得以生而爲心者也。故人爲萬物之靈，仁爲眾善之長，合而言之，道也。聖人至誠，道與天同；君子能敬，以修其道；眾人以欲而迷，惟惡之從。故人者，其理一而所稟之質、所行之事，有善惡之不同。故其爲字，歧而二之，以示戒焉。人能體仁以全心德，使其生理常存而不失，然後可無愧於爲人之名，而其效必能得壽，不然則生理喪而非人矣。故孔子曰：「仁者壽。」又曰：「人之生也直，罔之生也幸而免。」〔註16〕

陽村以「仁」訓「人」，可知陽村將「人」視爲道德性的存有，人雖亦有動物性身分，但因人「心」上具備「仁」之理，故能爲「萬物之靈」，而「人」亦當「體仁以全心德」，通過「體仁」以實現天地之「生理」。前文引陽村語：「人

士，日監在玆。」朱熹注云：「成王受羣臣之戒，而述其言曰：敬之哉，敬之哉，天道甚明，其命不易保也。無謂其高，而不吾察，當知其聰明明畏，常陟降於吾之所爲，而無日不臨監于此者，不可以不敬也。」見朱熹：《詩集傳》，卷19。

〔註15〕《詩經‧昊天有成命》：「我將我享，維羊維牛，維天其右，儀式刑文王之典，日靖四方伊嘏，文王既右享，我其夙夜畏天之威，于時保之。」朱熹注云：「文言天與文王既皆右享我矣，則我其敢不夙夜畏天之威，以保天與文王所以降鑒之意乎。」見朱熹：《詩集傳》，卷19。

〔註16〕《陽村集》，《韓國儒學資料集成》（上），頁6a。

物之生，其理則同」，說明在陽村觀念中，人物生成所據之理皆同，惟因得氣形構之不同而有人物之別，如此陽村似從宇宙論進路來掌握理。但此處特別點出人「心」之特殊性，「心」不惟在宇宙論意義下言具備了仁之理，同時亦在工夫論意義下言吾人需於「心」用功，如此一來，陽村談人物之別並不僅僅是就氣化形構處言人物之別，而是能關連於道德實踐來談人物之別。陽村言人為「萬物之靈」，即是一方面正視人血氣形軀之現實身分，另一方面肯定人能夠實踐道德之道德身分。

在「體仁」的實際情況中，聖凡有所不同。聖人以「誠」為性，生命完全是「仁」的體現，故說「道與天同」；君子能主敬以持「體仁」之修養工夫；眾人則迷於欲，只能隨惡而從。由此可知，雖然就「人」所稟受之理而言，此理為一，前云一者「以理言則無對」，故此理一乃純粹善者，不能用相對之善惡來衡量；然就「人」的氣質、行動而言，便有善惡之相對差異。蓋在陽村觀念中，「人」雖稟受「仁」理而生，此理純粹至善，然一落至「人」身上，便會受氣質影響，有或善或惡之表現，而聖人純誠，眾人迷欲，聖人、眾人處皆無工夫，惟君子當持敬修道，才能充分體現人之為人的價值，無愧於「人」之名。文末續談「體仁」之「效」，「體仁」的功效在於「壽」，並引了孔子語來佐證。

綜合以上，筆者認為，陽村以「仁」訓「人」，的確能掌握儒家所要談的道德生命的意涵，然若細究之，陽村學重點非如孔子所言：「我欲仁，斯仁至矣」一般，在主體的自我要求下，主動去豁醒內在於吾人生命的仁心，而是將心上所具之理，通過修養工夫呈顯出來，兩者學問形態具有差異，而從此差異處，進而可見朱子學問形態的特出。

當陽村論「心」時，其言論也與朱子近似。陽村云：

> 心者，人所得乎天而主乎身，理氣妙合，虛靈洞澈，以為神明之舍，而統性情，所謂明德，而具眾理應萬事者也。氣稟所拘，物欲所蔽，其用之發，有時而昏，學者要當敬以直內，去其昏而復其明也。〔註17〕

前云「仁則天地所以生物之理，而人得以生而為心者也」，此處意亦同，人具理於「心」，「心」為一身之主，而此「心」乃具理者，並非理；又此「心」雖為身之一器，卻能具理而為身之主宰，故說此心「理氣妙合」，以其「虛靈洞澈」，能「具眾理應萬事」，這樣的看法實與朱子近似。〔註18〕而此「心」

〔註17〕《陽村集》，《韓國儒學資料集成》（上），頁 6b。
〔註18〕朱熹：「明德者，人之所得乎天，而虛靈不昧，以具眾理而應萬事者也。但為

會受氣稟拘限，受物欲遮蔽，所以「心」之發用時有昏昧，吾人當用主敬之工夫，使「心」恢復至「明」的狀態。

陽村在論「心」時，同樣是依照「心」字字形加以説解，以發揮自己對「心」的看法。陽村云：

> 其字形方者，象居中方寸之地也。其中一點，象性理之源也，至圓至正，無所偏倚，心之體也。其下四者，象其中虛，惟虛故具眾理也。其首之尖，自上而下者，象氣之源，所以妙合以成心者也。其尾之鋭，自下而上者，心於五行屬火，象火之炎上也，故能光明發動，以應萬事也。〔註19〕

陽村觀念中，心上具備了「理之源」及「氣之源」，「理之源」爲心所稟受之天理，爲心的形上根據；「氣之源」則是心之構成，前云「理氣妙合」即此之謂。陽村續云：

> 其右一點，象性發爲情，心之用也。其左一點，象心發爲意，亦心之用也。其體一而用則有二，其發原於性命者，謂之道心，而屬乎情，其初無有不善，其端微而難見，故曰『道心惟微』，必當主敬以擴充之。其生於形氣者，謂之人心，而屬乎意，其幾有善有惡，其勢微而欲墜，故曰：『人心惟微』，尤必當主敬以克治之，遏人欲之萌，充天理之正。常使道心爲主，而人心聽命，然後危者安，微者著，動靜云爲，自無差謬，而聖賢同歸，參贊天地，亦可以馴致矣。〔註20〕

此段文字中，談論的是「道心」、「人心」的問題。承繼陽村前云，「心」具備了「理之源」及「氣之源」的看法，此處進一步言有兩種「心之用」，一者是「性發爲情」，另一者是「心發爲意」。此兩種「心之用」皆爲「心」之運用，而「心」又具備性理以爲體，此性理之體爲一，故「心之用」就性理之體處言，是一。但此兩種「心之用」雖皆爲「心」之運用，卻又存在「性發」、「心

氣稟所拘，人欲所蔽，則有時而昏；然其本體之明，則有未嘗息者。故學者當因其所發而遂明之，以復其初也。」可與陽村此語參看。見朱熹：《大學章句集注》。

〔註19〕 「天人心性分釋之圖」圖説，《入學圖説》卷1，《陽村集》，《韓國儒學資料集成》（上），頁6b。

〔註20〕 「天人心性分釋之圖」圖説，《入學圖説》卷1，《陽村集》，《韓國儒學資料集成》（上），頁6b。

發」的區別，此區別不容混淆，故「心之用」就心之用處言，爲二。

可以提問的是，既已云「心之用」，似皆爲「心」之運用，故兩者應皆是「心」所發動而出，應皆云爲「心發」，爲何有「性發」、「心發」之區別？

觀陽村敘述，陽村認爲「性發爲情」，又認爲「其發原於性命者，謂之道心，而屬乎情」，可知陽村所謂的「性發」，並非指「性」本身發動爲「情」，而是點明「性」爲「情」的發源，故實際發動者仍是「心」，不是「性」，而「心」是以「心」上所具備的性理作爲發動根據而發動的，陽村正就此義言「性發」，如此便有「性發」、「心發」之區別。

進一步討論，當「心」能以「心」上所具備的性理作爲發動根據而發動時，此時「心」的狀態，即是「道心」。「道心」能充分彰顯性理，故爲純粹至善者，「道心」所發之「情」亦無有不善。然陽村同時也強調「其初無有不善，其端微而難見」，可知「道心」所發之「情」雖無有不善，但一落在「情」中表現，便有下墮、遮隱的問題，故要用功以擴充四端之情。以上是「性發」的情況。

在「心發」的情況中，陽村認爲「心發爲意」，又認爲「其生於形氣者，謂之人心，而屬乎意」，筆者認爲，由於前云「體一而用則有二」，所以此處「心發」不能理解成缺乏性理作爲發動根據，而應可理解爲「心」除了根據「理之源」而發動之外，同時亦夾雜了「氣之源」而發動，此時「心」的狀態是爲「人心」，「人心」同時可接受性理、形氣的的影響，此性理、形氣之交雜情況於「心」上之表現即是「意」，「意」之發顯爲「幾」，故此「幾」乃有善有惡者，且因已有形氣之隔閡，故更容易下墮，更需要用功以過人欲。工夫之後的理想狀態，便是「使道心爲主，而人心聽命」，即是使「心」之發動皆以性理爲根據，而非跟隨形氣的驅使而發動。

在朱子觀念中，「心」是虛靈知覺，「道心」、「人心」皆是虛靈知覺的作用，之所以有「道心」、「人心」之異，乃因「心」的知覺作用有所不同，若「心」用在性理上，「原於性命之正」，即爲「道心」；若「心」用在形氣上，「生於形氣之私」，即爲「人心」。且「人心」不盡然等同於「人欲」，「人心」只是生理欲望的要求，生理欲望的要求並非不好，只是必須在禮義的規範下，使生理欲望的要求可以適當地被滿足，亦即讓道心作主，人心聽命，這是一種在心上要求純正的修養工夫。〔註21〕若將陽村與朱子說法相比較，筆者認

〔註21〕朱子：「道心是知覺得道理底，人心是知覺得聲色臭味底，人心不全是不好，若人心是全不好底，不應只下箇『危』字。蓋爲人心易得走從惡處去，所以

爲，陽村說法大體上是與朱子相近的，且陽村亦云：「理本無爲，其所以能靈而用之者，氣也。」〔註22〕此與朱子哲學系統中，活動者是氣，性理乃不活動者，而心雖爲虛靈知覺，仍屬氣，不屬理的說法很能相應。

（三）對「情」的看法

在上文關於「道心」、「人心」的討論中，有簡單提到「情」此一概念，實際上，陽村對「情」的看法是很值得注意的，其對「四端」、「七情」的理解，一般被視作後來「四七之辯」的濫觴。

在「天人心性分釋之圖」圖說中，有兩處問答很能顯陽村對「情」的看法。問曰：

> 心體本虛，而其爲知覺者一而已矣，故其未發也，至靜而虛，無名狀之可言。及其既發，則於事物之理隨感觸一以貫之，而無所不適。今子既以性心情意分其點畫，又以五常、四端、七情、二幾各屬其下，則名義繁多，知覺不一。紛擾雜錯，而靜虛之體有所不立；偏屬固滯，而貫通之用有所不周者，何也？〔註23〕

文中設問質疑道，言「心」虛靈，言「心」明覺，皆是就同一「心」而言，其未發至靜而虛，已發則隨感而應，「心」之未發已發無不有順適的活動、表現，爲何要將性、心、情、意諸概念作重重區分，徒使「心」本來順適的活動、表現減煞？觀陽村的答覆，曰：

> 心之虛靈知覺，則一而已矣，然語其虛靈之所以爲體，則不過五常之性，而萬事萬物之理無不統；語其知覺之所以爲用，則不過四端七情之感，而萬事萬物之變無不管。徒知其爲靜虛，而不知五常之性爲之體，則其爲心也，漠然無物，淪於老氏之虛無，佛氏之空寂，而大本有所不立矣。徒知其有知覺，而不知四端七情之發，其幾有善惡之殊，而致察焉，則心爲物役，欲動情勝，而達道有所不行矣。

下箇『危』字。若全不好，則是都倒了，何止於危？……若說道心天理，人心人欲，卻是有兩箇心，人只有一箇心，但知覺得道理底是道心，知覺得聲色臭味底是人心，不爭得多。『人心，人欲也。』此語有病，雖上智不能無此，豈可謂全不是？陸子靜亦以此語人。非有兩箇心，道心、人心本只是一箇物事，但所知覺不同。」見《朱子語類》，卷78。

〔註22〕 「天人心性分釋之圖」圖說，《入學圖說》卷1，《韓國儒學資料集成》（上），頁8a。

〔註23〕 「天人心性分釋之圖」圖說，《入學圖說》卷1，《韓國儒學資料集成》（上），頁8a～b。

故必使學者知有是體而存之於至靜之中，以守其本然之正；知有是
用而察之於應物之際，以遏其將然之欲，然後體用兼全，內外交養，
而學之為道得矣。〔註24〕

從陽村的回答中，可見其用心在兩處，一是辨佛老，一是強調工夫之必要。
陽村認為，雖言「心」體虛靈，但非說此「心」空無一物，而是說此「心」
虛，故能涵具萬理；雖言「心」有知覺發用，但非說「心」之知覺發用皆是
純理、純善，而要重視「心」所發之「幾」有善惡之殊異。故前一方面，可
以與道家所言的「無」，以及佛家所言的「空」，區隔開來；後一方面，則可
提醒學者當於此「心」處用工夫。

在這段敘述中，「四端」、「七情」兩概念連用，故尚不能顯二者之異，只
能見到「四端」、「七情」同屬「心」之知覺發用，此與前文「道心」、「人心」
的討論是相合的。在圖說另外一處，陽村將「四端」、「七情」分開討論，則
較能顯兩者之異。問曰：

昔唐韓子〈原性〉而本於禮書，以喜怒哀樂惡欲七者為性發之情，
程子亦取而言之。今子以四端屬乎性發，而七情列于心下者，何也？
〔註25〕

問者引舉韓愈〔註26〕、程子〔註27〕的說法，認為「七情」乃為性發之情，為
何陽村要將「七情」歸於「心發」，而「四端」歸於「性發」？陽村答曰：

七者之用在人，本有當然之則，如其發而中節，則《中庸》所謂達道
之和，豈非性之發者哉？然其所發，或有不中節者，不可直謂之性發，
而得與四端並列於情中也。故列于心下，以見其發之有中節不中節
者，使學者致察焉。又況程子之言以為外物觸而動於中，其中動而七
情出，情既熾而其性鑿矣，則其不以為性發也，審矣。〔註28〕

〔註24〕「天人心性分釋之圖」圖說，《入學圖說》卷1，《韓國儒學資料集成》（上），
　　　　頁8a～b。
〔註25〕「天人心性分釋之圖」圖說，《入學圖說》卷1，《韓國儒學資料集成》（上），
　　　　頁8b。
〔註26〕韓愈〈原性〉中並無「七者為性發之情」的說法，楊祖漢教授認為此處也許
　　　　是陽村弄混了，將王安石〈原性〉誤以為是韓愈作品。詳見楊祖漢：《從當代
　　　　儒學觀點看韓國儒學的重要論爭》，頁111。
〔註27〕程頤：「其本也真而靜，其未發也五性具焉，曰仁義禮智信。形既生矣，外物
　　　　觸其形而中矣，其中動而七情出焉，曰喜怒哀懼愛惡欲。情既熾而益蕩，
　　　　其性鑿矣。」見程頤：〈顏子所好何學論〉。
〔註28〕「天人心性分釋之圖」圖說，《入學圖說》卷1，《韓國儒學資料集成》（上），

陽村認爲「七情」是人主體的作用，既是人主體的作用，便理當有天理「當然之則」存於其中以爲根據，「七情」之發若能中節，便是《中庸》所謂的「和」，就此義而言，「七情」者「豈非性之發者哉」，換言之，「七情」可以是「性發」者，即「七情」之發有性理存於其中作爲發動根據。

　　然「七情」雖亦可說是「性發」者，但從現實的情況來看，「七情」之發確實有著中節與不中節的可能情況，然「四端」卻是純善無惡，沒有不中節的可能，是故陽村認爲「七情」、「四端」當區分開來。筆者認爲，此種區分不僅出於思辨上的要求，更重要的是，此種區分乃出於實踐上的需要。

　　前文已云，陽村言「性發爲情」、「心發爲意」，但實際上，「性發」只是點出情之發動有性理爲據，眞正落實活動者仍是「心」。基於此義，「情」亦可說是「心發」，而「四端」、「七情」皆是「情」，故從思辨上來說，可以在特定脈絡下，將「四端」、「七情」皆視爲「心發」，而不必嚴格區分。然而，陽村在這段敘述中，重點在引出「致察」工夫，所謂「致察」乃就善惡之「幾」動處加以察識，如此，惟當「幾」有善惡之殊異時，工夫方有效，否則面對純善無惡的「情」，何需有工夫？又，何能有工夫？由此「四端」、「七情」的區分，實可顯陽村學問的道德實踐意識。當然，這樣來說的「致察」乃是取朱子「動時省察」之義，若是心即理系統下的「致知」工夫，則首當肯認良知見成，便不是這樣的學問形態了。

　　現在可以確定的是，陽村將「四端」歸爲「性發」，「七情」歸爲「心發」；「四端」純善無惡，「七情」則有或善或惡的可能。關於陽村對「四端」的理解，還可見於另段敘述：

　　　　曰：「惻隱、辭遜、羞惡、是非即仁禮義智之端，非有二也，今子既以
　　　　四者列於情下，又書其端於外，別作一圈，何也？」曰：「四者之性，
　　　　渾然在中，而其用之行，隨感而動，以爲惻隱、辭遜、羞惡、是非之
　　　　心，則是心即爲四者之端，誠非二也。然發於中者謂之心，現於外者
　　　　謂之端，故孟子於此凡兩言之，或言端，或不言端，而朱子於言端，
　　　　以爲猶物在中，其端緒見於外，則其義愈明，而不容無辨矣。」〔註29〕
設問道，在「天人心性合一之圖」中，陽村將「惻隱、辭讓、羞惡、是非」

────────────────

　　　頁 8b。
〔註29〕「天人心性分釋之圖」圖說，《入學圖說》卷 1，《韓國儒學資料集成》（上），
　　　頁 8b～9a。

與「仁之端、禮之端、義之端、智之端」分畫成兩圈，然「惻隱、辭讓、羞惡、是非」應即是「仁、禮、義、智」之端，不應分開。觀陽村答覆，陽村認爲，固然「惻隱、辭讓、羞惡、是非」之心，便即是「仁、禮、義、智」之端，不爲二物，但細辨之，兩者間具有「發於中」、「現於外」的差別，前者爲「心」，後者爲「端」，不容無辨。

筆者認爲，陽村所言「發於中者謂之心」，此「心」應特就「情」而言，故陽村是採取朱子的思路，將「惻隱、辭讓、羞惡、是非」之四「情」，與「仁、禮、義、智」之四「性」區別開來，「性」、「情」之間具有形上形下之異層區別，然「性」乃藉由「情」的活動而表現於外，是故吾人可就「情」之活動發端處，查驗其中有「性」以爲根據。〔註 30〕可以發現，這樣的說法實際上是離孟子說法較遠的。〔註 31〕

（四）對「性」的看法

陽村在提出自己對於「性」的看法時，同樣是通過字形說解的方式來進行闡發。陽村云：

> 性者，天所命而人所受其生之理，具於吾心者也。故其爲字，從心從生。人與萬物其理則同，而氣質之稟有不同者焉。告子曰：「生之謂性。」韓子曰：「與生俱生。」釋氏曰：「作用是性。」皆以氣言而遺其理也。《中庸》曰：「天命之謂性。」孟子曰：「盡其心者知其性也，知其性則知天矣。」〔註 32〕

〔註30〕 朱子：「惻隱、羞惡、辭讓、是非，情也。仁、義、禮、智，性也。心，統性情者也。端，緒也。因其情之發，而性之本然可得而見，猶有物在中而緒見於外也。」（朱熹《孟子集注》，卷3。）朱子認爲，惻隱、羞惡、辭讓、是非爲情之表現，仁、義、禮、智爲性之理，而心乃統性情者，心以其認知作用，統攝性理，以性理作爲情發之根據，使情之表現皆合於理。吾人憑藉情之合理表現，便可得見其中有性理以爲根據，如同由外現之端緒處，便可知有物涵具於其中。

〔註31〕 孟子言：「乃若其情，則可以爲善矣。」（《孟子·告子上》6。）指出就人的實情、實性，亦即就人的道德人性而言，每個人都能自發自覺去爲善。此四端是每個人都具備的，且是隨時可以具體呈現出來的，人在發心動念的當下，若能除去私欲之遮蔽，單順四端而行，此刻的生命活動便是仁義禮智之理的全幅展現。可知孟子所謂的四端，即是本心呈現之起始、端緒，若能當下逆覺之、擴充之，便可產生道德行爲，故惻隱羞惡之心的本身，即是仁義之理本身，就本體上來說是理，但若就惻隱羞惡的表現上來說，則是情。

〔註32〕 「天人心性分釋之圖」圖說，《入學圖說》卷1，《韓國儒學資料集成》（上），

陽村認為，「性」是天所命於吾人，而為吾人「心」所具受者。就此「性」乃源出於天理而言，是相同的；然就此「性」落在氣質中表現而言，便有殊異。這樣的說法是與朱子相應的。朱子在解《中庸》「天命之謂性」一句時，認為天道以陰陽五行之氣，化生萬物，萬物稟受此天道而生，自初生時，便有天道之理賦予其中，而人亦為天道所化生，故亦得天道之理以為人性。〔註33〕其義理可與陽村此處所言並觀。陽村這樣來談的「性」，雖然是落在氣質中來表現，但其仍是以理言的道德人性，而非指以氣言的血氣形軀，陽村句中也以告子、韓非、佛家所言之「性」對比之。

然而此處陽村引孟子語自比，卻是有點距離的。孟子曰：「盡其心者，知其性也；知其性，則知天矣。」〔註34〕是指由盡心活動來了解人之所以為人的本性，再由了解人之所以為人的本性，進而去了解天道的意義所在，換言之，盡心活動之當下，便是天道價值之呈顯，意在強調由主觀的實踐活動，來推至客觀的天道活動。而陽村此處先肯定有一天理，再說人稟受此天理而生，故人當存養此「心」所具之理，以逐步逼近、呈顯天理。可以明白，兩種說法之間是有距離的，此又復見陽村從朱子為學的學問形態。

以上便是陽村在「天人心性合一之圖」、「天人心性分釋之圖」兩圖及圖說，對於「天」、「人」、「心」、「情」、「性」諸概念所進行的詮解，大體而言，陽村持守朱子學的基本格局來建構其圖學，但因為時代較早，又其圖乃專為初學學子所設，故對於諸概念的內涵，尚不能達到後來韓國儒學諸論辨的細膩程度，也無法點出朱子學的精采或困難，但陽村以繪圖的方式給予諸概念確切定位，仍對後來論辨有重要的開先貢獻。

二、「大學之圖」：對於《大學》的闡釋

陽村「大學之圖」同樣是為初學學子所設，重點在闡釋《大學》經一章，並將三綱領、八條目作了分類排列，由陽村的分類排列中，可以看出其對《大學》義理的掌握。

頁 7a。

〔註33〕朱熹：《中庸章句集注》：「命，猶令也。性，即理也。天以陰陽五行化生萬物，氣以成形，而理亦賦焉，猶命令也。於是人物之生，因各得其所賦之理，以為健順五常之德，所謂性也。」

〔註34〕《孟子・盡心上》。

（一）關於「格致補傳」的討論

《大學》相關研究中，有個很重要的問題，即《大學》改本的問題，陽村於此問題上有所討論：

> 學者問曰：「先賢董公嘗以《大學》經中自「知止而後有定」、「至則近道矣」兩節爲格物致知之傳，黃氏亦取之矣。是果能得朱子之所未得者歟？」曰：「愚嘗觀此，服其用意之深而所見之卓，服膺不忘，蓋亦有年，以今考之有未安者。夫所謂知止者，物格知至以後之效；而格物致知者，大學最初用力之地也。諸傳自誠意章而下，皆以工夫而言，下〔註35〕應於此遽先以效言之也。所謂能得者，明明德、新民皆得所止之事，不應遽及於致知之傳也。且以此節爲致知之傳，則聽訟章又無所著落矣，朱子於此豈不處之審哉。但所謂格物爲窮理之事，而非扞格外物者，則不必證以他書，而於此節文勢可尋而知之矣。既曰：『物有本末，事有終始，知所先後，則近道矣。』又曰：『致知在格物。』則物非外物，格非扞格，而與致知非爲兩事者，意甚明白。其傳雖闕，而於經文自有上文語緒之可尋者矣。」〔註36〕

問者提出另種改本〔註37〕，其將經文中「知止而後有定，定而後能靜，靜而後能安，安而後能慮，慮而後能得。物有本末，事有終始，知所先後，則近道矣。」一段視爲「格物」、「致知」之傳，問者乃據此詢問陽村。陽村認爲「知止」爲物格、知致之後的功效，「格物」、「致知」是用功最初之地，觀諸傳文，自「誠意」傳之下皆是談工夫，但「知止而後有定，定而後能靜，靜而後能安，安而後能慮，慮而後能得。物有本末，事有終始，知所先後，則近道矣。」一段談的則是功效，不應放入此處。且若將此段視作「格物」、「致知」的傳文的話，原先釋「本末」的「聽訟」一章便無可對應之經文。故陽村認爲，朱子於此是有用心思考的。後面對「格物」的討論可與《大學或問》參看，〔註38〕朱子解「格物」爲窮至事物之理，〔註39〕即其「格物窮理」之

〔註35〕筆者認爲此處「下」字應是「不」字。

〔註36〕「大學之圖」圖說，《入學圖說》卷1，《韓國儒學資料集成》（上），頁10a～b。

〔註37〕「董公」當指董槐，「黃氏」當指黃震，他們以大學經文中「知止而後有定」至「則近道矣」兩節，以及「知本聽訟」一節，作爲致知格物之傳。

〔註38〕《大學或問》：「……曰：『天生蒸民，有物有則，則物之與道，固未始相離也。……今不即物以窮其原，而徒惡物之誘乎己，乃欲一切扞而去之，則是必閉口枵腹，然後可以得飲食之正；絕滅種類，然後可以全夫婦之別也。……』」

說，陽村句中所言「物非外物，格非扞格，而與致知非爲兩事」，可以把握到朱子意旨。後文續云：

> 曰：「子以知止爲物格知至以後之效，不應先言於用力之初者，似矣。然以傳之結語考之則曰：『此謂知之至也。』則其上闕文必以知至之效言者也。此節於經亦在八目工夫之前，其序不亦舛乎？」

承前，問者認同陽村將「知止」爲物格、知致之後的功效，不能放於工夫之前的說法，但傳第五章曰：「此謂知本，此謂知之至也。」明顯上面有段闕文是在談論知至之功效。況且經文中，「知止而後有定，定而後能靜，靜而後能安，安而後能慮，慮而後能得。物有本末，事有終始，知所先後，則近道矣。」一段是在八條目之前，這不是舛誤嗎？問者此語是以陽村的話反攻陽村，由於陽村認爲當先言工夫，方能言功效，故若陽村承認「知止而後有定，定而後能靜，靜而後能安，安而後能慮，慮而後能得。物有本末，事有終始，知所先後，則近道矣。」一段談的是功效，便不能放在八目工夫之前，此明顯則是舛誤。陽村回覆道：

> 傳之結語以效而言，則其上闕文必是知至之效，然必先言其功，而後及其效，有如補傳之意矣。不應不言其功而遽及其效，故雖將此節爲傳，知止之上又當別有闕文也。

陽村承認傳之闕文是在談知至之效，但據此並不能直接判斷「知止而後有定，定而後能靜，靜而後能安，安而後能慮，慮而後能得。物有本末，事有終始，知所先後，則近道矣。」一段爲舛誤，而認爲傳之闕文之上應當別有闕文。
至於問者所云功效不能放在八目工夫之前的提問，陽村回應道：

> 此節於經，雖在八目之前，是乃承章首綱領工夫而言知止之效，以言明明德、新民、得止於至善也。故經一章以工夫功效相間言之，三綱領以功言，而此節以效言，物有本末一節兼功效而結之。八目前一節以功言，而後一節以效言，自天子一節以功結之，而本亂一節以效而反結之。以是而觀，則知止一節，雖在八目工夫之前，其立言自有序矣。且三綱領，明德雖重，而至善亦其體要也。八目釋明德、新民而無此一節，則至善雖兼二者，無所不在，亦不容無一言以釋之也。若循綱領三言之序，置釋至善之語於八目之後，則是

〔註39〕朱子：「格，至也。物，猶事也。窮至事物之理，欲其極處無不到也。」見朱熹：《大學章句集注》。

止至善若在平天下之後，而別爲一事也，故宜繼綱領而言之於八目
之前。夫言其功則先分本末，而後及其體要，言其效則專提體要而
兼統其本末，其立言亦可謂有法矣。〔註40〕

陽村認爲，經文的談法乃是工夫、功效相間言之。「大學之道在明明德，在親
民，在止於至善。」是工夫；「知止而後有定，定而後能靜，靜而後能安，安
而後能慮，慮而後能得。物有本末，事有終始，知所先後，則近道矣。」是
功效；「古之欲明明德於天下者，先治其國；欲治其國者，先齊其家；欲齊其
家者，先修其身；欲修其身者，先正其心；欲正其心者，先誠其意；欲誠其
意者，先致其知；致知在格物。」是工夫；「物格而後知至，知至而後意誠，
意誠而後心正，心正而後身修，身修而後家齊，家齊而後國治，國治而後天
下平。」是功效；「自天子以至於庶人，壹是皆以修身爲本。」是工夫；「其
本亂而末治者否矣；其所厚者薄，而其所薄者厚，未之有也。」是功效。

工夫、功效相間之外，又有本末、體要的不同表達，陽村認爲在談工夫
時，先分本末，再言體要；在談功效時，則專提體要，而兼本末。筆者認爲，
就工夫的情況而言，是和朱子相應的，若觀朱注可以發現朱子也講究於此〔註
41〕。以上是陽村對於「格致補傳」的討論，可發現陽村說法大體上能與朱子
相應，然朱子之所以要增改《大學》不僅是爲求結構完整，同時也爲求義理
暢達，但陽村的討論實際上仍偏向結構方面，較少論及義理，此是二人不同。

（二）關於「變文」的討論

所謂「變文」，指的是《大學》中有若干處體式、句法與其他不協，陽村
基本上肯定變文皆有其意涵，不是隨意變更的。

首先，在「誠意」處：

（誠意章獨作一傳）上不連致知者，所以分知行；下不接正心者，
以其自修之首其功不止於正心。先賢已有明辨矣。〔註42〕

學者問曰：「誠意章自作一傳，以分知行，其於本末厚薄不別爲傳，
而變文見意，何也？」曰：「知行二者如車兩輪，學者所當交致其力

〔註40〕「大學之圖」圖說，《入學圖說》卷1，《韓國儒學資料集成》（上），頁10b。
〔註41〕朱子：「明德爲本，新民爲末。知止爲始，能得爲終。本始所先，末終所後。」、
「意誠以下，則皆得所止之序也。」、「本，謂身也。」見朱熹：《大學章句集
注》。
〔註42〕「大學之圖」圖說，《入學圖說》卷1，《韓國儒學資料集成》（上），頁11a。

而並進者也，分明是兩件工夫也。若夫本末雖有體用之殊，而舉而
措之實一物也；厚薄雖有親踈之別，而推以及之實一事也。」〔註43〕

相較於傳第五章「格致補傳」、第七章釋「正心修身」、第八章釋「修身齊家」、
第九章釋「齊家治國」、第十章「釋治國平天下」，惟第六章釋「誠意」乃獨
立作傳，對此陽村解釋道「誠意」不與「致知」相連，乃因有知行的區別；「誠
意」不與「正心」相連，乃因自修之功當起始於「誠意」，而非「正心」。朱
子云：「所謂致知在格物者，言欲致吾之知，在即物而窮其理也。」又云：「誠
其意者，自修之首也。」皆可回應陽村說法。進一步，問者提問「致知」、「誠
意」既有知行區分，爲何不立傳說明，要變文見意？陽村回答，知行雖爲兩
件工夫，但工夫用力處卻是一件事物，故以變文示意。

再者，在「修身齊家」處：

修身齊家章之結語，不曰：「齊其家在修其身。」而變文曰：「身不
修不可以齊其家。」愚按，此承經文結語而分本末也。經曰：「自天
子以至於庶人，壹是皆以修身爲本，其本亂而末治者，否矣。」故
傳承之曰：「此謂身不修不可以齊其家。」〔註44〕

相較傳第七章、第九章結語，傳第八章結語爲：「此謂身不修不可以齊其家」，
句法不協。陽村解釋此是根據經文結語而來，經文結語：「自天子以至於庶人，
壹是皆以修身爲本，其本亂而末治者，否矣。」一句，以「修身」爲本，傳
第八章承繼此義發揮，故說「身不修不可以齊其家」。

最末，在「齊家治國」處：

齊家治國章之發端，不曰：「治國在齊家。」而變文曰：「治國必先
齊其家者，其家不可教而能教人者，無之。」愚按，此亦承經文結
語而分厚薄也。經曰：「其所厚者薄而所薄者厚，未之有也。」故傳
承之曰：「所謂治國必先齊其家者，其家不可教而能教人者，無之。」
此兩節必承經文結語而觀之，則傳者立文之意可見矣。〔註45〕

曰：「齊家治國章言孝悌慈，而其下引〈康誥〉之文，但以慈幼而結
之，何也？」曰：「此以最初而要者言之也，以家言之則孝悌或有不
謹，而慈幼之心無不切，先賢已嘗言之矣。以國言之則事君事長皆

〔註43〕「大學之圖」圖說，《入學圖說》卷1，《韓國儒學資料集成》（上），頁11a。
〔註44〕「大學之圖」圖說，《入學圖說》卷1，《韓國儒學資料集成》（上），頁11a。
〔註45〕「大學之圖」圖說，《入學圖說》卷1，《韓國儒學資料集成》（上），頁11a。

知所謹，而使眾之道多所忽。苟能以慈幼之心而觸孝悌，則孝悌無

不至矣；以慈幼之心而推使眾，則使眾知所謹矣。」〔註46〕

相較傳第六章、第七章、第八章、第十章開端，傳第九章開端：「所謂治國必先其齊家者」，句法不協。陽村解釋此亦根據經文結語而來，經文結語：「其本亂而末治者否矣；其所厚者薄，而其所薄者厚，未之有也。」一句，以「齊家」為本，故變文以示意。

進而問者提問，傳第九章釋「齊家治國」，開頭言孝慈，中間引〈康誥〉，結尾又以孝慈作結，何故？此蓋質疑此傳並無釋「治國」之意。陽村解釋此欲表現以孝慈之心使眾之意。筆者認為，此解釋很能與傳之意相合，因〈康誥〉所云：「如保赤子」正是在說明要像保育嬰兒一般去保育人民，朱子云：「孝、弟、慈，所以修身而教於家者也；然而國之所以事君事長使眾之道不外乎此。」〔註47〕也正是強調此意。

綜上所言，陽村在闡釋「變文」時可以掌握朱子想法，然陽村雖對傳文意旨有討論，卻少了再深入的辨析。以上是對陽村「大學之圖」及其圖說的分析討論。

三、「中庸首章分釋之圖」：對於《中庸》的闡釋

與前二圖比較起來，「中庸首章分釋之圖」的圖說分量是比較少的。其圖說最前說明了陽村對《中庸》的大體理解：

愚按《中庸》傳道之書，教者之事，而學在其中。道本乎天而備於我之所受；教修乎道而因其我之所有。故章首備舉命、性、道、教而歷言之，然後單提道字以明道體無所不在，雖不睹不聞，暫時之頃，幽隱細微，獨知之地，皆此道之所存而不可忽之意。而言君子存養省察之學，所以教學者戒懼而存天理以致其中，謹獨而遏人欲以致其和，不使須臾之或離也。故此章大旨，道無不包，而教行乎其間，教之所行，即學之所在。學者苟能因是教而致其為學之功，則教將由我而位育之極效，庶可以馴致矣。〔註48〕

〔註46〕「大學之圖」圖說，《入學圖說》卷1，《韓國儒學資料集成》（上），頁11a。

〔註47〕朱熹：《大學章句集注》傳第九章注。

〔註48〕「中庸首章分釋之圖」圖說，《入學圖說》卷1，《韓國儒學資料集成》（上），頁12b。

可知陽村將《中庸》定位為「傳道之書」，此「道」乃指天，理本於天，天命之於人，為吾人「心」所具備，「修道」云者，實正是在修吾人「心」上所具之理、道。此理雖純粹至善，但因落在氣中表現，便有受「氣稟所拘，物欲所蔽」之可能，故要用「存養省察」工夫，目的在「存天理以致其中」、「遏人欲以致其和」，即讓「心」中所具之理常存，不使其受人欲干擾，而能有中節之發用，得位育之極功。

在圖說中，陽村列出兩點討論。首先，是談「戒懼」、「慎獨」：

> 學者問曰：「朱子《章句》於戒懼慎獨兩節，但言君子敬謹之心，而不以教言。今子之圖兼以教言者，得無贅乎？」曰：「《章句》直繹本文，其言簡切，雖不及言，乃於《或問》中言之曰：『以明由教而入者，其始當如此。』學者或不之察，故愚敢揭而示之也。此書傳道之書，首以教言，故凡學者之事，無非所以教也。且慎獨《大學》亦言之學者事也，故特加必字於上以戒之也。《中庸》直言君子之事以教之，故不言必，立言下字，其不苟也如此哉。」〔註49〕

陽村將「戒懼」、「慎獨」關聯於「教」來談，問者質疑之。觀朱子注「戒懼」：「道者，日用事物當行之理，皆性之德而具於心，無物不有，無時不然，所以不可須臾離也。若其可離，則為外物而非道矣。是以君子之心常存敬畏，雖不見聞，亦不敢忽，所以存天理之本然，而不使離於須臾之頃也。」〔註50〕及注「慎獨」：「獨者，人所不知而己所獨知之地也。言幽暗之中，細微之事，跡雖未形而幾則已動，人雖不知而己獨知之，則是天下之事無有著見明顯而過於此者。是以君子既常戒懼，而於此尤加謹焉，所以遏人欲於將萌，而不使其滋長於隱微之中，以至離道之遠也。」〔註51〕的確如問者所言，朱子是用「君子敬謹之心」來說「戒懼」「慎獨」。

但這樣的談法與「教」相衝突嗎？陽村在此引證《中庸或問》：「或問：『既曰道也者，不可須臾離也，可離非道也，是故君子戒慎乎其所不睹，恐懼乎其所不聞矣。曰：『此因論率性之道，以明由教而入者，其始當如此。』」〔註52〕可見朱子亦有將「戒懼」、「慎獨」皆關連至「教」來談，故陽村說法可與

〔註49〕「中庸首章分釋之圖」圖說，《入學圖說》卷1，《韓國儒學資料集成》（上），頁 12b。
〔註50〕朱熹：《中庸章句集注》。
〔註51〕朱熹：《中庸章句集注》。
〔註52〕朱熹：《中庸或問》，《四書或問》卷3。

朱子相應。然細觀《或問》，筆者認爲此處「教」偏重談君子修道實踐，聖人設教〔註53〕意味較淡，故「戒懼」是否爲「教」可以再作討論。

再者，是談「中和」：

> 曰：「《章句》以中和爲性情之德，今子以和爲道而不可情，又以爲心之用，氣之所行，何也？」曰：「中和固性情之德，今以和爲道者，本其所謂達道而言，以明章首性、道、教之所包也。其又以爲心之用，氣之行者，所以分心之體用，而明《章句》心正、氣順、體立、用行之意也。名雖異而實非有二也。」〔註54〕

此處討論朱子注「中和」：「喜、怒、哀、樂，情也。其未發，則性也，無所偏倚，故謂之中。發皆中節，情之正也，無所乖戾，故謂之和。大本者，天命之性，天下之理皆由此出，道之體也。達道者，循性之謂，天下古今之所共由，道之用也。此言性情之德，以明道不可離之意。」〔註55〕，其中「和」既說是發而中節之情，又說是循性所發用出的達道，問者據此提問。

觀陽村答覆，陽村認爲，「和」有兩種身分，一是就「和」的功效而言，是爲「達道」；另一是就「和」的表現而言，是爲「心之用」。這裡展現了陽村體用區分的觀念，前云陽村認爲「心」上具備「理之源」及「氣之源」，在論《中庸》時，陽村將「理之源」關連至「中」，「理之所存，心之體也」；而將「氣之源」關連至「和」，「氣之所行，心之用也」。在「中」處講「存養」，在「和」處講省察，致中和後則有「心正」、「氣順」之效，而這樣的「效」乃根源於「天」而來，故可說是「性情之德」。可以特別注意的是，陽村對於諸概念雖有仔細區分，但亦強調「名雖異而實非有二」，此即「體用合一」，而此合一乃是區分下的合一，陽村學問形態近於朱子學，於此復又可見。

四、結語

本文藉由「天人心性合一之圖」、「大學指掌之圖」、「中庸首章分釋之圖」此三篇圖說的分析與比較，對於陽村思想中諸概念之內涵及其思想大要，有

〔註53〕朱熹：「性道雖同，而氣稟或異，故不能無過不及之差，聖人因人物之所當行者而品節之，以爲法於天下，則謂之教，若禮、樂、刑、政之屬是也。」見朱熹：《中庸章句集注》。

〔註54〕「中庸首章分釋之圖」圖說，《入學圖說》卷1，《韓國儒學資料集成》（上），頁12b。

〔註55〕朱熹：《中庸章句集注》。

了初步了解。筆者認爲，陽村對於存在界首先有一宇宙論式的了解，認爲天地間存在一太極之理，亦是天理，一切存在物皆據此理而生，沒有例外。但一切存在物既生，便已落於氣上表現，而有形構之分殊表現。然陽村並非僅止於對存在界作出宇宙論式的解析，陽村通過「天」、「人」、「心」、「性」、「情」諸概念之說明，其用意乃在證成儒家道德修養之學，說明吾人應當用功，要求生命純於天理，不累於形氣之私。

陽村作爲韓國早期儒者，又爲後來「四七之辨」之濫觴，筆者認爲可以格外注意陽村學說中三項要點：第一、對性發、心發的理解；第二、對道心、人心的分判；第三、對四端、七情的分判。而實際上，這三點可以統合收攝在其對「心」的特殊理解上來討論。關此，經由本文初步研究，筆者認爲有一些看法可以確定，在陽村觀念中，人稟受天理而生，所稟受處正在於「心」，而「心」又爲人身所有，故此「心」是特殊的，一方面得理，另一方面得氣。陽村將此「心」表示爲「理氣妙合，虛靈洞澈，以爲神明之舍」，且心上同時具備了「理之源」及「氣之源」，可以開出「性發爲情」、「心發爲意」兩種作用。進一步討論，陽村所言之「性發」不是性理直接發用活動，而是情之發有性理爲據之意，當「心」能依據性理而發動時，此時「心」的狀態即是「道心」，「道心」所發之「情」純粹至善，即是「四端」，但因既發便已落於氣中，故「道心」所發之「情」仍有下墜的可能。

而在「心發」的情況中，當「心」一方面根據「理之源」而發動，同時也夾雜「氣之源」而發動時，此時「心」便是「人心」，「人心」所發爲「七情」。「人心」同時接受了性理、形氣兩方面的影響，此性理、形氣之交雜影響，表現於「心」上便是「意」，爲有善有惡者，且因受形氣隔閡，更容易下墜。由此可以見出陽村對於「道心」「人心」以及「四端」「七情」的確有一清楚的區分。

若細究之，「心」只是一心，「道心」「人心」只是「心」兩種活動情況；而「情」亦只是「心」的活動，「四端」、「七情」皆是「情」，從思辨的角度而言，並不必嚴格區分。但陽村於此卻很強調區分，可知其並非要求思辨的清晰度，筆者認爲，陽村所關心的乃是工夫實踐。若將「道心」「人心」以及「四端」「七情」作一比較，「人心」、「七情」較爲貼近人的現實氣化生命，人在道德實踐當下，可能無法總是純粹依從天理而行，往往會感受到性理、形氣兩方面的拉扯，此便是有善有惡的「人心」、「七情」。而「道心」、「四端」較能點出人實踐道德的理想狀況，人可以撤除形氣的干擾，而讓發心動念皆

純於天理。就道德實踐活動而言，「道心」、「四端」的理想性格是必須要肯定的，那是人實踐道德的內在根據；而「人心」、「七情」的實際情貌也是必須要面對的，那正是吾人用功的所在，故筆者認爲，陽村將「心」視爲「理氣妙合」，意正在於同時保持住這兩方面的要求，這是陽村學問的核心重點。

由「理氣妙合」之「心」所開展出來的學問形態，並非如孟子一般，首重從「四端」處、「盡心」活動處來了解人的生命實情、人之所以爲人的本性，進而實踐道德。而是先肯定有一天理，人乃稟受天理而生，故人當持敬存養「心」所具之理，以「使道心爲主，而人心聽命」，使情發無不中節，這樣的學問形態實較近於朱子主敬的工夫路向，這是筆者目前對於陽村學說的分析與評斷。在未來的後續研究中，筆者認爲可以特別注意陽村、朱子二人對「心」的討論之比較，若按目前較普遍的研究成果，朱子的「心」乃是氣心，不是理，而陽村學從朱子學，又開展出近於朱子學的主敬工夫路向，但陽村卻明顯將「心」規定爲「理氣妙合」，「心」爲「性之源」與「氣之源」二源之妙合，足見陽村觀念中的「心」非僅屬「氣」，亦非僅屬「理」，而是理氣之妙合者。若據此檢視韓國朱子學的義理發展，筆者認爲或者可爲韓國朱子學的研究提供新的研究視點，這方面問題的解清，還需要仔細的深入研究，本文在此暫時作結。

徵引書目（按作者姓氏筆劃排列）

1. 〔宋〕朱熹：《四書章句集註》，臺北：鵝湖出版社，1998 年。
2. 李丙燾：《韓國儒學史略》，韓國：亞細亞文化社，1986 年。
3. 李明輝：《四端與七情：關於道德情感的比較哲學探討》，臺北：臺大出版中心，2005 年。
4. 黃俊傑、林維杰編：《東亞朱子學的同調與異趣》，臺北：臺大出版中心，2006 年。
5. 楊祖漢：《從當代儒學觀點看韓國儒學的重要論爭》，臺北：臺大出版中心，2005 年。
6. 蔡振豐編：《東亞朱子學的詮釋與發展》，臺北：臺大出版中心，2009 年。
7. 權近：《陽村集》，載於《韓國文集叢刊》第 7 輯。